사라진
서울을
걷다

페이퍼로드
paperroad

사라진
서울을
걷 다

함성호

건축하는 詩人의
市 이야기

차례

모두를 전생으로 만든다

때때로 많은 것을 허물었지만

그곳에는 언제나 사람이 있었다

머리말

언제나 풍경은 자기 내부에 있다. 정체된 차들로 메워진 도로를 볼 때마다 도시 풍경을 걷는 나를 새삼스레 바라본다.

얼마 전 건축하는 후배로부터 '현대성이란 무엇입니까?'라는 질문을 받았다. 그때 지루한 설명만 장황하게 늘어놓았다. 잘 몰랐기 때문이었다. 그러나 그들과 헤어져 신촌에서 일산 집으로 가는 심야버스에서 어렴풋이 그 답을 만들어냈다. 현대성이란 자기 내부에 있다. 문득, 풍경을 내면화하라는 말이 지상명령처럼 머리를 짓눌렀다.

정신 차리고 도시를 바로보기로 마음먹었다. 그러고 보니 도시 같은 천덕꾸러기도 없다. 사람들은 기회만 있으면 도시를 떠나려 한다. 그 여행의 목적지에는 무엇이 있을까? 진정 그곳에 우리가 원하는 휴식이 있을까? 여행은 떠나기 전 준비가 전부라는 말이 있듯이, 여행은 목적 없는 과정이다. 우리는 늘 여행을 준비하고, 늘 여행하고 있다. 오랜만에 만난 사람이 근황을 얘기할 때 흔히 하는 말이지만 우리는 집과 직장을 다람쥐 쳇바퀴 돌 듯 여행한다. 어디가 목적지인지 알 수 없다. 그러나 그런 한심한 일상도 여행의 한 부분이다. 우리는 끝없이 목적지 없는 행복한 여행을 하는 중이다.

그렇다면 우리에게 도시란 무엇인가? 그 한심한 일상 속 여행을 좀 더 정답고, 느슨하게 만들 수는 없을까? 집에서 직장으로 다람쥐 쳇바퀴 돌 듯하는 그 길을 활력 있고, 안전하고, 한가하게 만들 수 없을까? 그러나 행정가도, 대자본가도 아닌 나는, 그저 하고 싶은 일 많은 일개 건축가일 뿐이다. 누가 나에게 종로를 계획해 주시오, 부탁하지 않는 이상 그저 종이 위에 내 꿈을 펼치며 자족할 수밖에 없다. 그러나 그건 아무에게도 들리지 않는 혼잣말에 지나지 않는다. 마음에 들지 않는다고 기존의 것을 불도저로 밀어버리고 다시 시작할 수는 더더욱 없다. 그것은 강제로 기억을 지워버리는 행위와 같다. 사람에게도 좋았던 기억과, 괴로웠지만 잊고 싶지 않은 기억이 있듯이 도시도 그렇다. 누군가를 사랑했던 기억이 괴롭고 아파도 지우고 싶지 않은 것처럼, 우리가 사는 괴물 같은 도시에도 불도저로 밀어버리고 싶지 않은 다정하고 괴로운 기억이 있는 것이다.

이 글은 그 기억에 대한 이야기다. 부수지 않고 베어 내지 않고 건축하는 방법은 지금, 여기를 이루고 있는 시간과 장소를 철저히 탐구해 들어가는 일이다. 해 아래 새로울 것 없는 세계를 낯선 시선으로 바라보는 일이 필요한 것이다. 새로운 시선으로 우리 삶이 이루어지는 이곳을 바라보면 어제의 낡은 풍경이 낯설게 다가오는 걸 느낀다. 더군다나 우리는 행복하게도 촌락을 이루는 전통적인 방법으로 산과 물을 중히 하였다. 소위 자연을 텍스트로 인간 군락을 결정할 줄 알았다는 말이다. 근본적인 자연 요소가 아무리 망가졌다 하더라도 우리 도시에는 굵직한 선으로 남아있다. 실제로 한국 어느 도시를 가도 조그만 강이 없는 곳이 없고, 야트막한 동산 하나 없는 곳이 없다. 한국의 대표적인 거대도시 중 하나인 수도 서울만 보더라도, 비록 그 주변 풍경은 말 그대로 살풍경 하지만 도도히 흐르는 한강 물결을 넋 놓고 바라보는 버스 안에서 우리는 어느덧 일상의 상처를 치유 받는다. 이른 봄 동호대교를 건너오며 마주치는 옥수역 근처 야트막한 봉우리에 지천으로 핀 응봉 개나리, 늦은 저녁 온통 짙은 쪽빛으로 차창이 물들어 가는 청색의 황홀경을 선사하는 당산철교, 서녘을 배경으로 서 있는 절두산 성지가 있는 양화진 절벽, 서울과 일산을 연결하는 자유로의 비현실적인 길로 날아드는 철새들, 잠수교에서 바라보는 서울 야경은 꼭 나룻배를 타고 강을 건너는 착각에 빠지게 한다. 그뿐이랴, 반포대교를 지나자마자 경남 상가 아파트 숲에서 울어 젖히는 여름철 매미 떼 울음소리도 빼놓을 수 없다. 장마를 견디는 밤섬의 버드나무는 얼마나 고즈넉한가. 그 나무들은 어딘가 골몰해 있는 풍경이다. 어느 다리든 교각 밑에서 마시는 술은 다 맛있다.

　나는 조용하지 않은 번잡한 바닷가에서 자랐다. 그 번잡함과는 다르지만, 도시의 복잡한 활력이 마음에 든다. 도시에 치를 떠는 이들에게 권하고 싶다. 굳이 애정을 품으라는 얘기가 아니라, 자신이 사는 곳의 옆을 자세히 보라고. 그러면 우리가 무심히 걷는 이 거리에 얼마나 많은 이야기가 스며 있는지 알게 될 것이다.

　언젠가부터 걷고 싶은 거리를 만든다고 가로를 정비하고 나무를 심고 의자도 갖다 놓고 분주하기 짝이 없다. 그렇게 정돈한 거리는 깨끗하지만 난삽한 풍경이 주던 활력을 잃어버려 아쉽다. 그 역시 도시의 욕망이기에 자연스러울 수 있다. 그 거리에 대해 말하고 싶었다. 거리에 대해 알게 되면 더욱 걷고 싶어질 테니까. 이 책이 일상 여행에 작은 참고라도 된다면 나로서는 만족이다. 누군가의 바쁜 걸음을 멈추게 하고 자신이 걷는 주변을 잠시라도 두리번

거리게 할 수 있었으면 좋겠다. 들인 노력에 비하면 터무니
없는 희망이지만 책이 나오기까지 많은 분이 애써 주셨으
므로 감사하듯이 품어보는 바람이기도 하다.

2021년 봄 소소재에서

함 성 호

오늘도 서울에서는

자본만이 풍경이 되어

모두를 전생으로 만든다

때때로 많은 것을 허물었지만

그곳에는 언제나 사람이 있었다

때로는 적막하고,
때로는 막막하게

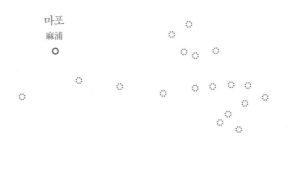

마포
麻浦
○

버스 중앙차선이 시행되기 전 2번 버스는 마포에서 망원동
으로 혹은 미아리로 방향을 선회할 때 승객들에게 잊지 못
할 광경을 선사해 주었다. 망원동으로 향할 때는 불교 방송
국 건너편에서 합정동 사거리로 우회전하면 되지만, 반대
로 미아리로 향할 때는 한강 쪽으로 우회전하여 고가를 타
고 강 위로 크게 원을 그리며 돌아서 다시 불교 방송국 쪽
으로 안착한다. 2번 버스는 주로 출판사가 많은 지역을 다
니기 때문에 나는 종종 2번 버스를 이용했다. 마포는 2번

버스 구간에서도 절정에 해당한다. 졸다가 갑자기 나타나는 한강 풍경에 깜짝 놀라고, 언뜻 길이 보이지 않아서 더 놀란다. 고가가 원을 그리기 때문에 창밖을 볼 때 마치 길이 사라져버리는 듯 착각하기 때문이다. 마포 교차로는 늘 나의 왼쪽에 있다. 그 길을 찾았을 때 2번 버스는 서서히 공중에서 지상으로 내려앉는다. 강변북로나 올림픽대로는 한강을 따라 달리면서 잔잔하게 강을 즐기는 데 더할 나위 없지만 마포 교차로처럼 한강을 극적으로 보여주지는 못한다. 좌우로 솟은 빌딩 숲을 지나 마포에 이르면 마포의 역동적인 고가는 때로는 적막하고, 때로는 막막하게, 또 때로는 시원하게 한강 풍경을 보여준다.

여의도 지나 마포대교 건너, 고향으로

가는 길

불교방송 건너편 옛 마포 길

명성 되살아나게 하는 새우젓거리쯤

드문 사람들의 발길을 지우는 사이

문득

고생대의 나뭇잎 하나

발 앞에 떨어진다

대농 건물과 신화건설 건물 양 옆에 두고

고향 찾아

가는 길

추억 어린 시절 한꺼번에 되살아나

엄마 따라 마포 강변에 빨래하러 가던 길

불쑥 눈앞에 나타난다

아마 의적이 다시 살아 온다면

홍길동이나 임꺽정이 아니라

퇴근해서 蘇萊 부근 집으로 돌아가야 하는

古生代의 가랑잎들일 거야

늘

불쑥 치켜올리는 손들의 함성

化石이야!

이영유, 「麻浦 새우젓길, 뱃길을 따라」, 『검객의 칼끝』,
문학과지성사, 2003. 중에서

마포에서 8대를 이어 살아온, 지금은 고인이 된 이영
유 시인은 어렸을 때 마포를 이렇게 회상했다. 그는 마포를 떠나 인천에서 살다가 먼저 떠났다. 아, 아직도 시인의 노모는 마포에서 사실까?(문득 궁금하다) 마포의 영역은 꽤나 광대하다. 마포는 우리말로 '삼개'로 불리는 포구 이름이다. 삼개는 마포동, 토정동, 하수동 일대 연안을 지칭하는 이름이었으니 당시에는 서대문 밖을 모두 삼개라고 해도 큰 오류가 없을 정도였다. 일반적으로 '삼개'라 하면 서강, 마강, 용강, 세 강을 일컫는다. 하지만 살펴야 할 것은 이 강이 따로 있는 게 아닌, 각각 한강을 달리 부르는 말이라는 것이다. 그 이름은 지금도 동네 이름으로 남아 있다. 서강이라는 동네는 없지만 서강 대학교로 남아 있고, 마강은 마포라는 이름으로 여전히 남아 있고, 용강은 용강동이란 동네가 남아있다. 그렇다면 이들은 어떻게 뚜렷하게 나눠지는 것일까? 궁금하지 않을 수 없다.

서강과 마강, 용강은 그것이 기대고 있는 산줄기로 각각 나뉜다. 그 산줄기의 첫 줄이 바로 안산이다. 안산은 무악산이라고도 하는데, 독립문에서 불광동으로 넘어가는 고개(무악재)의 왼편에 있는 산이 바로 안산이다. 마포는 이 안산의 줄기가 한강 쪽으로 뻗어나간 들판 전체를 가리킨다. 안산의 줄기는 한강으로 내려오면서 크게 다섯 줄기로 갈라진다. 가장 서쪽으로 뻗은 줄기는 연희동-성미산(성산)으로 내려오고, 그다음 동남쪽으로 와우산-양화진 줄기가 있고, 그다음에는 노고산에서 한강으로, 그다음에는 가장 센 줄기인 아현-효창공원-용마루-새창고개-용산성당을 지나 청암동으로 내려오는 줄기가 있다. 마지막 다섯 번째 줄기는 효창공원에서 국립미술관 쪽으로 나오는 줄기다. 서강은 와우산 줄기와 노고산 줄기 사이의 한강 변을 일컫고, 마강은 노고산과 용산 사이, 용강은 용산과 국립미술관 사이에 자리 잡은 한강 변을 일컫는다. 그러니까 서강은 글자 그대로 말하면 강의 서쪽에 있는 곳이란 말인데, 그때 강은 마강과 용강에 비해 서쪽에 있다는 뜻이다. 이들을 삼개라고 부른다. 마포의 옛 이름이다.

이들은 또 서호, 마호, 용호라는 호수의 의미로도 불렸다. 그 강변에 서서 바라다 보이는 한강이 마치 호수 같이 보인다고 그렇게 불렸는데, 지금의 모습으로는 언뜻 상상이 가지 않는다. 당연히 거기에도 까닭이 있다. 문제는 밤섬이다. 지금의 밤섬을 보면 한강이 호수 같아 보인다는 옛이야기가 잘 이해되지 않는다. 그러나 여의도 비행장이 생기기 전인 1968년까지 밤섬은 잘 발달된 하식애로 작은 해금강이라 불렸고, 밤섬의 모래사장은 한강 8경 중 하나로 꼽힐 정도였다. 면적도 지금의 여의도보다 더 커서 밤섬과 마포 연안이 더 가까웠고, 그래서 호수처럼 보였던 것이다. 밤섬이 오늘날과 같이 일엽편주一葉片舟 같은 작은 섬으로 바뀐 데는 자연의 힘과 사람의 힘이 같이 거들었다. 하상의 모래가 점점 하류 쪽으로 밀리면서 여의도가 점점 커지고, 거기에 비행장이 건설되면서 밤섬 바위가 채취되어 쓰였다. 그래서 오늘날의 마포 연안에 서면 호수처럼 보였다던 한강의 옛 정취는 온데간데없다.

옛날에 마포는 배천 배씨와 경주 이씨의 세거지였다. 특히 밤섬에는 마씨, 석씨, 인씨 등 희귀 성씨들이 모여 살았다. 이영유 시인도 경주 이씨다. 마포에서 나서 인천에서 살았던 시인은 9대손인 아들을 데리고 소래에 나가 그 옛날 마포 종점을 소래와 연결한다.

봄 방학 한 아들놈 데리고 蘇萊를 간다

난장에는 뜬소문들 무수히 횡행

난전에는 광어가 판을 치고 도다리가 우럭의 꼬리를 물고

할 일 없는 멍게들 대낮부터 새빨개지도록

취해, 소문도 시들하여 저녁으로 갈 무렵

蘇萊에 蘇萊는 없고

밤깊은 마포종점 부근의 集魚燈들이

내 어려운 눈알을 때린다, 때리고 찌르며

은방울 자매의 묵은 노래가 귀를 멍멍하게 한다.

이영유, 「밤 깊은 마포종점」, 『검객의 칼끝』,
문학과지성사, 2003. 중에서

당시 마포를 흐르는 천川으로는 마포구청 앞을 흐르는
모래내와 이제는 없어졌지만 지금 L7호텔에 송장천이 있었
다. 특히 송장천 주변에는 일제강점기에 당인리 철도가 놓
여 원목이 산더미처럼 쌓여 있었는데, 장마가 지면 한강 물
이 범람하면서 지금의 L7호텔 일대를 넘쳐 연희동 일대까
지 물에 잠기곤 했다. 이 통나무들은 마포 일대 개구쟁이들
에게 좋은 놀잇감이었다. 장마 때 한강이 만수위가 되면 동
네 개구쟁이들은 야적된 꼭대기에 올라가 통나무를 하나씩
붙잡고 한강 물이 들어오길 기다렸다. 그러다 송장천까지
물이 들어오면 물이 차길 기다려 하나둘씩 둥둥 떠오르는
통나무를 타고 위험한 유랑을 떠났다(그러다 아주 돌아오지 못
하는 애들도 있었는데, 그런 애들은 대부분 난지도에서 떠오르곤 했
다). 이때 한강과 물에 잠긴 마포의 풍경은 일망무제一望無
際, 그것이었다고 이영유 시인은 추억했다. 그러나 시절은
항상 추억을 배반하기 마련이던가? 시인의 추억 속의 마포
는 이렇게 변해갔다.

상당히 오래전 내 아버지의 아버지가 마포 나루에서 장작

장사하던 시절 청년은 나이를 먹어 노인네가 되었고 모든 것을

알고 모든 것을 잃었던 일

아버지가 살고 아버지의 아버지가 살았던 삼개 도화동에 5·16

군사혁명 후 아파트가 처음 설 때 아스팔트 깔린 까만 길을 걷고

내가 좋아서 날뛰니 아버지가 그러신다. 길을 모두 덮으면 땅이

숨을 못 쉴 텐데 아닌 게 아니라 그 후 땅 위를 기는 지렁이도

보기 힘들어지고

———

이영유, 「나쁜 길」, 「검객의 칼끝」,
문학과지성사, 2003. 중에서

아닌 게 아니라 지금 동도 고등학교 자리에는 본래 '아
소정我笑亭'이라는 대원군 별장이 있었다. 그것도 5·16 쿠데
타 이후 개발 바람에 모두 없어지고 마포를 흐르던 한강의
샛강도 모두 복개됐다. 그 하천을 건너는 자잘한 다리가 오
죽 많았으면 '잔다리'라는 지명까지 있었을까? 그런 마포가
6·25 전쟁을 거치면서 강화만이 막혀 포구의 기능을 완전
히 상실한 지도 이미 오래다.

문득, 졸다 보니 2번 버스가 창작과비평사가 있는 길

로 우회전해서 들어간다. 여기에서 서강 대교가 있는 진입
로까지가 그 유명한 마포 새우젓 도가들이 즐비하던 골목
이다. 그 새우젓 장수들은 다 어디로 갔을까? 이영유 시인
은 소래로 가고, 나는 L7호텔 뒤편 옛 송장천으로, 내 일터
가 있는 홍대 앞 사거리로 간다. 그리고 소래로 간 줄 알았
던 이영유 시인은 지금, 영영 돌아오지 못 할 다리를 건너
고 말았다. 그도 통나무 하나 붙잡고 다른 세상의 바다에서
즐겁게 유영하고 있을까?

오누나 가누나

왕십리
往十里

비가 온다

오누나

오는 비는

올지라도 한 닷새 왔으면 좋지.

여드레 스무 날엔

온다고 하고

초하루 삭망朔望이면 간다고 했지.

가도 가도 왕십리 비가 오네.

웬걸, 저 새야.

울랴거던

왕십리 건너가서 울어나 다고,

비 맞아 나른해서 벌새가 운다.

천안에 삼거리 실버들도

촉촉히 젖어서 늘어졌다네.

비가 와도 한 닷새 왔으면 좋지.

구름도 산마루에 걸려서 운다.

———

김소월, 「왕십리」, 「新天地」, 1923. 중에서

왕십리는 그 지명만으로 태조 이성계가 도읍을 정할 때 얼마나 고심했는지 잘 말해준다. 이성계는 한양 전에 먼저 계룡산에 도읍을 정했다. 궁궐에서나 쓰일 법한 주초가 계룡산 근처에서 발견되면서 설득력을 실어 준다. 전설에 따르면, 이성계가 충남 계룡산에 도읍을 정하고 공사를 착수하려는데 꿈에 계룡산 산신이 나타나서 말하기를 이곳은 정鄭씨의 도읍지고 이씨의 도읍은 한양이니 그곳에 터를 잡으라고 했다고 한다. 그래서 이성계는 무학을 데리고 한양으로 와서 한강을 따라 궁궐터를 고르고 다녔다. 오랫동안 산야를 두루 돌아다니다가 정오가 되어서야 지금의 왕십리 부근에 이르렀다. 서울의 시냇물이 모여 한강으로 합류하는 곳에 잠시 멈춰 서서 왕도를 세울 땅을 찾았다. 북악과 남산 사이 너른 터는 그럴 듯했지만 좀 더 신중해야 했다. 혹시나 하는 생각에 더 둘러보고 결정하기로 하고 무학과 이성계는 한강 상류로 더 올라갔다. 그곳에서 한 노파가 나타나 태조에게 무엇을 찾고 있는지 물었다. 이태조가 왕도를 고르고 있다고 하자 노파는 그렇다면 이곳에서 십리만 더 가보라고 했다. 이성계는 대수롭지 않게 궁터를 알려주는 것이 이상해 다시 돌아보았지만 방금까지 있던 노파는 이미 사라지고 없었다. 이태조와 무학은 이것이야말로 신의 계시라 생각하고 북악산 기슭에 궁터를 잡았다. 그리고 노파와 이성계 일행이 만났던 자리는 그 후 '십 리만 더 가라'는 뜻의 왕십리往十里로 불리게 된다.

일설에는 이때 이 노파가 말한 십 리는 지금 서울의 서북쪽이 아니라 동북쪽이었다고 한다. 또 다른 일설에는 이 노파가 바로 신라 말기 풍수지리의 대가 도선국사였다고도 한다. 지금의 하왕십리 도선동은 바로 도선국사의 이름에서 유래한 지명이다. 그러고 보면 왕십리 일대는 풍수 설화의 살아 있는 무대라고 할 수 있다. 그렇지만 이미 보고 온 서북쪽의 북악과 남산 사이의 너른 들이 인상에 남았던 이성계 일행은 아무 의심 없이 서북쪽이라고 지레짐작해 버렸다는 것이다. 결국 조선은 천 년을 가는 도읍지를 못 보고 오백 년 도읍지를 선택한 셈이다. 그것이 사실이든 아니든 왕십리에서 동북쪽으로 십 리 더 들어간 곳이면 지금의 중랑구쯤이니 서울이 확장해 나가기에는 지금보다 유리한 조건이기는 하다.

김소월이 꼭 이런 전설을 따른 것은 아니겠지만 그의 시에서도 왕십리는 쉽게 갈 수도 올 수도 없는 정한으로 가득 차 있다. 왕십리는 예부터 남태령 고개와 함께 서울의 관문으로 통했다. 시의 화자도 아마 왕십리에서 누군가를 배웅하고 돌아오는 길인데 그 이별이 쉽지 않았던 것 같다. 가는 이는 이미 떠났는데 화자의 생각은 계속 이별의 장소 왕십리에 머물러 있다. 몸은 돌아오고 마음은 떠난 이와 함께 계속 천안, 아니면 그 사람이 가는 어디까지 같이 가는 것이다. 조선 중기 문인이었던 택당澤堂 이식李植(1584~1647)도 여기서 나눈 이별의 정한을 이렇게 노래하고 있다.

도성 동쪽으로 십 리의 역관 / 十里城東驛

원님 깃발 앞세우고 해변으로 가시누나 / 雙旌海上行

얼음과 눈 남아 있는 쌀쌀한 봄날 / 春寒餘凍雪

길도 험한 데다 거리마저 멀고 머네 / 路險更脩程

어지러운 이 세상에 걸핏하면 맞는 이별 / 亂世輕爲別

쇠한 이 나이에 감회가 또 다를 밖에 / 衰年獨有情

옛날 양웅이 거처하던 이 집 역시 / 楊雄舊時宅

지금부턴 후생의 발길 끊어지겠네 / 從此阻侯生

왕십리는 30여 년 전만 해도 온통 미나리꽝으로 뒤덮인 벌판이었다. 택당의 이별에는 아직 얼음과 눈이 남아 있는 이른 봄이었던 걸까. 비록 헤어지지만 설움만 남은 이별은 아니었는지 화자의 시선이 닿은 곳은 원님 깃발을 날리는 영전 자리다. 소월의 이별은 한층 더 사무친다. 소월은 비 오는 미나리꽝을 걸으며 다정한 사람과의 이별을 더 오래 간직하기 위해 "한 닷새 내리면 좋지"라고 노래한다. 그러나 더 오래전에는 배추밭이 많았던 모양이다. 박지원의 「예덕 선생전」을 보면 조선 양반의 이중성을 비웃는 대목에서 "왕십리의 배추, 살고지의 무, 석교石郊의 가지, 오이, 참외, 호박, 연희궁衍禧宮의 고추, 마늘, 부추, 파, 염교, 청파의 미나리, 이태인梨泰仁의 토란"하며 한양 주변의 경작물을 쭉 나열한다.

김소월이 누군가를 떠나보내고 돌아오는 이 길, 왕십리 벌판은 글자 그대로 '오가는住 길이 십+자로 얽힌 마을'이다. 그래서 그런지 왕십리는 교통의 요충지면서도 어딘가 변두리 냄새가 짙다. 말하자면 종점의 풍경이랄까? 하지만 마포의 활기와는 사뭇 다른 붙박이지 못하는 떠돌이의 풍경. 이런 풍경은 비단 근대화의 산물만은 아니었다. 구한말, 구식군대 군인들이 월급도 제대로 받지 못하다가 13개월 만에 월급이라고 받긴 받았는데 양도 모자라고 그나마도 반이 돌과 겨인 것에 격분했다. 이때 임오군란을 일으킨 주역이 살던 곳도 왕십리와 이태원 일대였다. 불만에 찬 구식 군인과 도시 빈민이 일으킨 임오군란은 그들이 살던 변두리 풍경이 말해 주듯이 개화 정책에 반대하기 위한 것이기보다는 생존의 문제가 더 컸다. '십 리만 더 가라'는 지명에는 구한말 독립 의병장 왕산 허위 선생을 떠올리지 않을 수 없다. 왕산 선생은 나라가 망하자 경북 구미에서 의병을 일으켰다. 그리고 1908년 13도 창의군 군사장으로 일본 통감부를 치기 위해 서울로 북진한다. 관군과 일본군을 물리치고 사기 등등했던 의병의 기세가 꺾인 곳이 바로 왕십리 부근이다. 여기서 의병은 일본군의 강력한 저항에 부딪혔고, 끝내 패하고 만다. '십 리만 더' 갔으면 바로 도성이었다. 동대문에서 시작해 청량리역에서 끝나는 거리

이름이 바로 의병장 왕산 선생의 호를 따온 것이다. 이 전쟁에서 패한 왕산 선생은 연천으로 퇴각했고, 나중에 일본군에 잡혀 서대문 형무소에서 사형수 1호로 순국한다. 전국적인 항일 무장 투쟁을 지도했던 광복회 총사령 박상진이 바로 왕산의 제자다.

왕십리라는 땅 이름 때문인지 이 일대는 지상, 지하로 지하철과 국철이 오고 가고 입체적으로 얽히고설켜 있다. 지하철 2호선, 5호선, 국철 등이 교차하는 이곳에서 김혜순 시인은 한반도 역사를 교차시킨다.

왕십리를 지난 지하철 2호선은

정확히 77분 후에 다시 왕십리로 돌아오게 되어있다

삼십 년 전 대나무 우거진 우리 집에서

연꽃 핀 호수 옆 학교까지 십리 조금 넘는 길을

두 시간 넘어 걸어서 갔다가

두 시간 넘어 걸어 다시 돌아왔는데

그 때 학교를 오가는 동안 노루를 본 날도 있었는데

노루의 그 고운 눈과 내 눈을 따악 마주친 날도 있었는데

우리는 한참을 그렇게 우두커니 마주보고 서 있었는데

소나무들이 젊어 죽은 무명 용사들처럼 우우우 울면

길가에 나란히 전봇대들이 무서워 비명 지르고

비명과 비명 사이 나는 오도 가도 못하고 지각을 밥먹듯 했었는데

삼국사기를 읽는다 지하철 2호선 왕십리역부터

개국은 시작된다 백제 온조왕 14년 국도를 서울로 옮겼다

비 오듯 시간은 떨어져 전동차 밑으로 사라져간다

자비마립간 5년 5월에 왜적이 쳐들어와 활개성을 습격하고

사람 일천 명을 잡아갔다 8년 4월에 홍수가 져서 산이 17개소나

무너졌다

누가 내 귀에 세월을 쏟아붓는 것 같다 이 전동차가

다시 왕십리에 도착하면 이 순환전철은 사람을 모두 바꾸어 싣고

있을 것이다 사람들이 오르고 내리는 동안

순환 전철이 서울을 도는 동안 나는 여전히 이 전철안에 남아

사기를 읽고 있다

———

김혜순, 「서울2000년」, 『나의 우파니샤드, 서울』,
문학과지성사, 1994. 중에서

시인은 백제와 고구려를 여행하고 관창과 의자왕을
보고, 한강에 노을이 지자 "왕십리에서 떠난 사람은 아무도
없다"고 역설적으로 말한다. 이제 왕십리는 뉴타운으로 개

발해 청계천으로 흘러드는 실개천이 만들어지고 아파트 중심의 개발을 지양하며 동대문운동장 지역과 뚝섬의 '서울숲'을 연결하는 '그린 뉴타운'으로 조성될 예정이다. 뉴타운으로 개발되어 좋아하는 사람도 있고, 싫어하는 사람도 있을 것이다. 개발의 당위도 당위지만 개발이 된다고 오랫동안 거기서 살았던 사람들이 쫓겨나는 일은 제발 없었으면 좋겠다. 오고 가도 한 닷새 비가 내리면 이 도시의 상처도 새로운 개발의 청사진처럼 다시 해가 돋듯 모든 걸 새로 시작할 수 있을까? 가뿐하게.

이슬비 오는 날,
낯선 소년이

종각에서
鐘閣

동대문까지
東大門

한양도성은 놀랍게도 단 98일 만에 완공되었다. 태조는 1394년 10월 한양으로 천도하여 바로 다음 해 종묘와 사직단, 경복궁 건설에 총력을 기울여 9월 말에 완공한다. 공사 기간은 불과 10개월이었다. 태조는 바로 이어서 1396년 음력 1월 9일부터 2월 28일까지 49일간, 이어서 8월 6일부터 9월 24일까지 49일간, 백성 19만 7천4백여 명을 동원하여 불과 98일 만에 한양도성을 완공했다. 그래서인지 『조선왕조실록』을 보면 대대로 성곽을 보수한 무수한 기록이 나온다. 아무래도 졸속시공의 결과인 듯싶다. 그렇다면 태조 이성계는 왜 이렇게 빨리 성을 쌓아야만 했던 것일까? 첫 번째 이유는 하루빨리 새로운 도읍을 완성해 전 왕조의 그림자가 남아 있는 개성에 대한 대신들의 미련(경제적 기반이기도 한)을 상쇄하고 싶은 마음에서였을 것이고, 두 번째 이유는 평생 전쟁터에서 잔뼈가 굵은 이성계 자신의 성격에 기인할 것이다. 무장으로서 이성계는 성곽이 없는 궁에서는 하루도 마음 편히 잘 수 없었을 것이다. 한양도성이 총연장 5만 9500척의 성터 중 4만 3000척, 즉 삼 분의 이가 넘는 부분이 토성으로 지어질 수밖에 없었던 것은 공사 기간 내에 완공하기 위해서는 당연한 것이었다. 그중에서도 가장 난공사가 바로 흥인지문이었다. 다른 문의 이름은 모두 석 자씩인데 동쪽 문만 넉 자인 것도 이 난공사와 무관하지 않다. 우리나라는 백두대간이 동쪽으로 치우쳐서 국토를 동서로 가르고 있어 중요한 하천은 모두 서쪽으로 흐른다. 그러나 서울은 서쪽으로 흐르지만 청계천은 동쪽으로 흐르듯이 동쪽이 지대가 낮다. 서울의 동쪽 문을 '흥인문'이라 하지 않고 산줄기 모양의 갈지之자를 하나 더 넣어 '흥인지문'이라 한 까닭은 좌우의 지세가 낮기 때문에 이를 보완하기 위함이라고 한다. 그러나 처음부터 그랬던 것은 아니다. '흥인문'이 '흥인지문'으로 이름이 바뀐 시기는 조선 말 흥선

대원군 집권기에 경복궁을 다시 지으면서부터였다. 이때 홍인문도 개축을 했는데 기록에 따르면 훈련도감 군사들을 동원하여 동대문을 완전히 해체한 다음 낮은 지반을 여덟 척이나 돋우고 그 위에 동대문을 중건했으니 거의 새로 지은 것이나 다름없다.

●   흥인지문, 그 난전亂廛의 역사

고도 서울의 도시계획은 조선이 개국하기 훨씬 전부터 이미 시작된, 깊은 유래가 있다. 흔히들 서울의 도시계획은 조선 개국과 함께 시작한 걸로 알고 있지만(서구 도시계획과 달리 우리네 그것은 대개 액운을 막고 발복을 비는 데서 시작하는데, 이는 인간의 몸을 소우주로 파악한 철학적 근간처럼 우주 만물을 살아 있는 유기체로 파악하는 사상적 전통에서 기인하는 도시계획의 기본 개념이다) 우리의 전통적인 유기적 세계관으로 볼 때, 실은 고려 창건 시 개성의 도시계획과 함께 시작되었다 해도 무방하다. 흥인지문 북쪽, 서울의 좌청룡 격인 낙산의 청룡사가 바로 그 증거다. 이는 우리 풍수의 시조인 도선국사의 유언에 따라 고려 태조 왕건의 명으로 지어진 절이다. 따르자면, 한양은 장차 이씨의 도읍지이므로 왕씨가 오래

집권하기 위해서는 이 지기를 눌러 왕업의 운수를 흥하게
해야 한다는 것이다. 사연인즉, 낙산이 순양純陽의 목木이
니 그 운이 왕성하면 목성인 이씨가 잘 될 것이므로 음인
비구니로 이 절을 지키게 하고 금인 종을 울려 목을 막으면
왕씨가 창성할 것이라는 얘기다.

　　아무튼 고려 개국과 함께 왕조의 역사로서는 서울의
처음이 이곳 흥인문 부근에서 시작되었다는 것도 흥미롭
다. 비운의 단종비가 시녀들의 구걸과 옷에 물감 들이는 일
로 연명했던 곳도 여기요, 구한말 민비의 애환을 전하는 곳
도 이곳이다. 그러나 흥인문 길은 왕조의 비운에 아랑곳없
이, 임진왜란 이후 지방 장사치들이 몰려와 종로 시전과 대
응하는 난전이 펼쳐져 숭례문과 함께 민중의 역동적인 생
활 터전을 이루고 있는 것은 자못 흥미롭다. 다소 비약은
있지만 비운의 단종비가 연명했던 것도 옷감에 물들이는
일이요, 당시에 배오개라고 불리던 종로 4가가 오늘날에도
유서 깊은 포목점 거리로 자리 잡은 것도 그 유래가 깊은
것이다. 특히 숭례문 지역과 비교해서 흥인문 지역은 꾸준
히 한수 이남 지역과 연관을 맺어왔다. 평화시장이 고속버
스터미널 자리였고, 그런 원활한 지방과의 연계를 바탕으
로 의류 제조업과 도매 상가들의 유통이 자연스럽게 난전
의 모습으로 자리했다.

결국 근대 서울의 도시계획에 있어서도, 이러한 난전의 역사를 가지고 있는 홍인문 지역의 특수성이 그대로 이어져 홍인문 상가가 형성되었고, 오늘날 지방 의류 소매상의 대단위 도매 거래처가 형성되었다. 이 지역의 대단위 의류 타운만 하더라도 두산타워, 거평프레야, 밀리오레, 혜양엘리시움 등 대여섯 개나 된다. 이들이 들어선 위치는 모두 과거에는 재래식 시장으로 그 옛날 난전의 모습을 간직하고 있었다. 그러나 근대 도시계획 논리는 이러한 불규칙한 난전의 모습을 부정적인 것으로 파악했고, 수평적으로 어지럽게 펼쳐진 지저분한 건물을 정리해 고층화시킴으로써 주변 도시의 가로를 정리하고 남는 공지에 녹지를 꾸며 도시 내 환경을 쾌적하게 만들 수 있다고 믿었다. 하지만 결과는, 잃은 것은 과거 난전의 사람 사는 맛이요, 얻은 것은 비인간적인 도시의 살풍경이었다. 여기에 새로이 들어선 동대문 디자인 플라자(DDP) 역시 그러한 함정에 빠질 소지가 없지 않다. 해법은, 어떻게 이 새로운 장소에 도시의 활력과 문화 이벤트를 가미하여 이 지역을 특화시킬 수 있는가 하는 것이다.

오늘날 상품은 그것이 어떤 세대나 계층을 대변하든 간에 곧 그들의 문화를 대변한다. 문화를 팔아야 물품이 팔리는 시대다. 21세기는 문화의 세기라고 한다. 사실 20세기

초를 제외하곤 그렇지 않은 시대가 없었다. 과거 난전에서는 물품의 유통과 함께 연희가 있었고, 악극이 있었으며, 정보의 교환이 있었다. 오늘날 물품 유통의 장소가 다름 아닌 과거 난전의 모습이라는 것은 분명, 문명의 진보에 대한 아이러니다. 동시에 이것은 현대 상업 자본주의의 길을 제시한다는 점에서 시사하는 바가 크다. 이 장소성을 가장 뚜렷하게 부각시키는 것은 역시 건물이다. 동대문 디자인 플라자가 이라크 출신 건축가 자하 하디드에 의해 새롭게 의미를 만들어 가듯이 복잡하고 화려하며 과밀한 도심에서 하나의 건축물이 가지는 의미를 생각하지 않을 수 없다. 처음에도 그렇고 지금도 여전히 문제를 안고 있는 동대문 디자인 플라자도 논란거리지만 가장 큰 논란거리였던 건물은 종로의 초입에 있다.

●   은빛 구름의 절정

서울이라는 대도시에서 논란의 중심에 있는 건물은 단연 종로타워가 손꼽힐 것이다. 종로타워는 그것이 자리하는 거리의 상징성만으로도 충분히 주목받을 만하기 때문이다. 조선 시대부터 경복궁 앞의 육의전을 연결하는 가장 큰 중

심 도로이며 근대화 이후에도 상업과 교통의 요충지로 지금까지 그 명목을 유지하는 노른자위 땅이 아닌가?

더군다나 건축 면으로 봤을 때 종로타워가 서 있는 바로 그 자리는 우리 근대건축의 시초이자 건축가 박길룡이 설계한 화신백화점이 있던 자리다. 근대건축물은 고사하고 과거의 유적을 보존하는 데조차 인색한 우리네 사정으로 볼 때 화신백화점의 보존을 거론한다는 것은 참으로 어려운 상상이 아닐 수 없다. 그런데도 화신백화점 철거를 두고 보존과 개발의 논란이 잠깐 있었다. 어느 쪽이 옳은지를 떠나서 그런 논란이 있었다는 것 자체가 의미가 있다. 그런 논의를 통해서 부숴야 하는 건물에 대한 재조명이 이루어지고 학술적인 다양한 조사를 통해 그 건물은(실제로 그렇게 되었는지는 모르지만) 도면상에서, 혹은 치밀한 조사 보고서를 통해 다른 차원에서 새롭게 보존될 수 있기 때문이다.

어쨌든 종로타워는 근 10년 동안 지어졌다. 처음 설계안이 미국에서 활동하는 우루과이 출신 건축가 라파엘 비뇰리에 의해서 변경되고, 건물은 기존의 구조를 그대로 유지한 채 전혀 다른 아이디어로 새로운 밀레니엄을 앞두고 그 모습을 우리 앞에 드러냈다. 그렇게 완공된 종로타워는 최상층과 아래층 사이에 무려 30미터의 허공을 구축하면서 철과 유리로 종로에 새로운 이미지를 부여했다. 허공에 떠 있는 최상층부는 설계자의 말처럼 "구조의 가벼움에 의해 절제되어 표현"되었고, "밤에는 삼각 지지대 모양 구조 타워 위에 놓여서 건물의 상부에 떠 있는 발광체처럼" 보인다. '탑 클라우드'라고 불리는 이 충격적인(임대 면적이 될 수 있었던 공간을 모두 날려버릴 수 있었던) 해법이 오늘날 종로의 이미지를 지배한다 해도 넘치지 않는다. 투명한 유리로 둘러싸인 건물 1층은 넓게 확보된 외부 공간과 거의 차이가 없다. 상층부 허공은 사실 바닥에서부터 그 복선을 깔고 있는 것이다. 상층부의 허공으로 하늘과 하늘을 바라보는 우리의 시선이 자유롭게 드나든다면, 1층 로비에서는 경복궁과 종묘 사이를 지나다니는 사람들이 이 공간의 내부와 외부의 시선을 자유롭게 만들어 준다.

건물이 들어서자 사람들의 의견이 분분했다. 종로의 이미지(역사성을 염두에 둔)를 해치는 무자비한 건축이라는 의견과 신선하고 역동적인 건물로 종로의 이미지를 일신했다는 의견이었다. 그러나 중요한 것은 두 의견 모두, 종로가 이 건물 하나로 변했다는 것이다. 확실히 종로는 변했다. 이 건물로 광화문에서 종로 2가로 접근하는 종로 1가는 마치 이를 위한 전주곡처럼 변했고 종로는 새로운 활력으로 빛난다. 그 오케스트라의 절정에서 종로타워는 은빛 구름으로 빛나고 있다. 그리고 지금, 종로의 끝자락에서 동대문 디자인 플라자가 하이테크한 이미지로 전에 없던 서울의 풍경을 만들었다. 건물이 아직 계획 중일 때 나는, 두 건물이 어떻게 조우할지 매우 궁금했다. 그러나 지금 두 건물은 따로 노는 것 같다. 아무리 하이테크한 이미지로 현대성을 뽐내고 있어도 우리에겐 빛 좋은 개살구에 지나지 않아 보인다. 앞서도 지세 얘기를 했지만 동대문은 험하다. 그만큼 동대문 상권도 예부터 호락호락한 상권이 아니다.

● 　　　　　　　　　　동대문 엘레지

지금도 하루 유동 인구가 40만 명에 이르지만 조선 시대부터 동대문 일대는 종로를 중심으로 육의전이라는 어용 시전이 있어 도성 주민과 관공서, 궁궐에 물품을 공급했던 상인의 거리였다. 더욱이 외세가 밀려오면서 일본 상인과 청 상인이 침투하여 상권을 경쟁하던 지역이 바로 동대문이었다. 그러니 자연히 산업화 시대에도 동대문은 도시로 몰려든 시골 처녀 총각의 주요한 일터였다. 산업화에 밀려 파괴되는 농촌의 풍경을 시인 신동엽은 한 소년의 모습과 말씨에서 자세히 그려내고 있다.

이슬비 오는 날.

종로 5가 서시오판 옆에서

낯선 소년이 나를 붙들고 동대문을 물었다.

밤 열한시 반,

통금에 쫓기는 군상 속에서 죄없이

크고 맑기만 한 그 소년의 눈동자와

내 도시락 보자기가 비에 젖고 있었다.

국민학교를 갓 나왔을까.

새로 사 신은 운동환 벗어 품고

그 소년의 등허리선 먼 길 떠나 온 고구마가

흙묻은 얼굴들을 맞부비며 저희끼리 비에 젖고 있었다.

충청북도 보은 속리산, 아니면

전라남도 해남땅 어촌 말씨였을까.

나는 가로수 하나를 걷다 되돌아섰다.

그러나 노동자의 홍수 속에 묻혀 그 소년은 보이지 않았다.

그리고 여기에서 시인은 놀랍게도 전에 보았던 한 소

녀를 소년과 연관시키며 다시 현실의 피폐를 강화시킨다.
그리고 그다음부터 소년의 가계가, 그리고 우리의 민초들
의 역사가 쭉 꿰어져 나온다.

그렇지.

눈녹이 바람이 부는 질척질척한 겨울날,

종묘宗廟 담을 끼고 돌다가 나는 보았어.

그의 누나였을까.

부은 한쪽 눈의 창녀가 양지쪽 기대 앉아

속내의 바람으로, 때묻은 긴 편지 읽고 있었지.

그리고 언젠가 보았어.

세종로 고층건물 공사장,

자갈지게 등짐하던 노동자 하나이

허리를 다쳐 쓰러져 있었지.

그 소년의 아버지였을까.

반도의 하늘 높이서 태양이 쏟아지고,

싸늘한 땀방울 뿜어낸 이마엔 세 줄기 강물.

대륙의 섬나라의

그리고 또 오늘 저 새로운 은행국銀行國의

물결이 딩굴고 있었다.

남은 것은 없었다.

나날이 허물어져 가는 그나마 토방 한 칸.

봄이면 쑥, 여름이면 나무뿌리, 가을이면 타작마당을 휩쓰는 빈

바람.

변한 것은 없었다.

이조 오백년은 끝나지 않았다.

옛날 같으면 북간도라도 갔지.

기껏해야 뻐스길 삼백리 서울로 왔지.

고층건물 침대 속 누워 비료광고만 뿌리는 거머리 마을,

또 무슨 넉살 꾸미기 위해 짓는지도 모를 빌딩 공사장,

도시락 차고 왔지.

이슬비 오는 날,

낯선 소년이 나를 붙들고 동대문을 물었다.

그 소년의 죄없이 크고 맑기만한 눈동자엔 밤이 내리고

노동으로 지친 나의 가슴에선 도시락 보자기가

비에 젖고 있었다.

신동엽, 「종로 오가」, 『동서춘추』, 1967. 중에서

아버지는 도시 노동자로, 누나는 매춘부로 전락한, 이 피폐한 현실이 종로와 동대문까지 쭉 이어져 있다. 동대문 시장의 역사는 종로5가와 청계천5가 사이 광장시장과 같이 한다. 광장시장은 1905년 7월 5일 대한제국 한성부 개설 허가를 받아 탄생한 국내 최초의 근대적 시장으로 지금 동대문시장의 모체이다. 당시 주력 물품은 포목이었고 1일장, 격일장, 3일장, 5일장, 7일장으로 열리던 것을 매일 열리는 장으로 상설화하여, 한국 전쟁 때는 실향민들이 청계천에서 노점상을 시작했고 군복, 담요 등으로 옷을 제조, 판매했으며 평화를 기원하는 뜻에서 평화시장으로 명명되었다. 그리고 지금의 동대문 일대는 젊은이들의 새로운 활력으로 넘쳐난다. 글쎄, 유명한 패션업계의 건물들이 낙산보다 더 높게 올라가면서 동대문의 지세를 보완해주고 있기 때문일까? 아무튼 동대문은 지금 새롭게 국제적인 패션시장으로 발돋움하고 있다.

그러면, 어느 이슬비 오는 날 종로 5가에서 시인이 본 소년의 슬픔도 없어진 것일까? 어떻게 된 걸까? 불야성을 이루는 패션 타운의 한가운데서, 요란한 음악이 흐르고,

발랄한 20대 남녀들이 삼삼오오 잠도 자지 않고 에스컬레이터를 타고 다니는……. 아무도 나에게는 동대문이 어디냐고 묻지 않는다. 그러면 된 것일까? 아아, 어쨌거나 모두 행복했으면 좋겠다.

그리고 많은 사람이
울었다

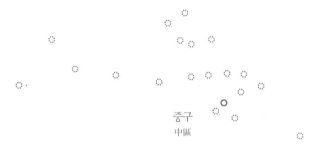

중구
中區

'자연의 구체적인 부면들에 대한 개별적인 적응과 이용으로
이루어지던 생활 및 주거 형태에서, 일정한 지역의 전 범위에
걸쳐 단지 평면적인 아파트 건물군의 입지로서만 자연이 그
유용성을 인정받는 새로운 생활 및 주거형태로의 변화가
일어나게 되었다. …이러한 과정에서 모든 것은 화폐로 계산이
가능한 상품으로 변화 될 것이 강요되었다. 농민들이 일구어 온
생산 수단과 생활 수단 및 정신적인 것까지를 포함한 존재의 모든
측면, 예컨대 일생 동안 살아오면서 겪은 추억까지도, 이것들이

곳곳에 묻혀있고 스며있던 마을의 뒷동산, 논둑길 등과 함께

'보상가격'이라는 이름의 교환가치가 매겨졌다.'

———

류기선(1992), 『근세의 일산』, 단국 대학교 한국민족학연구소.

흔히 숭례문을 두고 남대문이라고 한다. 항간에 떠도는 소문으로 이는 일제가 숭례문을 비하해 부르는 이름이라는 설이 있지만, 태조 1년 도성 성곽을 완성하고 다음과 같은 기록이 남았으니 이는 거짓이 틀림없다. "성 쌓는 역사를 마치고 정부丁夫들을 돌려보내었다……. 정남正南은 숭례문이니 속칭 남대문이라 하고……." 남대문은 창건 때부터 숭례문의 속칭으로 불렸다. 과거 가뭄과 수해가 큰 재해였을 때 숭례문은 특이한 기능을 했다. 일종의 풍수지리상의 비보책으로도 쓰였던 것인데 『조선왕조실록』에는 가뭄이 들면 숭례문을 닫고 비가 많이 오면 숭례문을 열었다는 기록이 숱하게 나온다. 그리고 가뭄과 관악산의 화기를 막는다는 이유로 건립 때부터 숭례문 밖에 큰 못을 팠다. 성종 9년에 이미 숭례문은 낡을 대로 낡았던 모양이다. "숭례문이 아주 기울어져서 허물어질 지경이라면 고쳐서 짓지 않을 수 없으나, 그렇지 않으면 요사이 공역工役이 너무 잦으니, 내 생각에는 그냥 두었으면 좋겠다."라는 왕의 교지

가 나온다. 그다음 해에 숭례문의 기능과 중수에 대해서 다시 논의가 이루어진다. "숭례문을 요즈음 중수하려고 하는데, 아울러 옹성도 쌓는 것이 좋겠습니다." 동대문처럼 옹성을 쌓자는 얘기인데 우부승지 유순柳洵이 반대한다. "숭례문은 조종조祖宗朝로부터 옹성이 없었으니, 모름지기 쌓지 않아도 될 것입니다." 이에 임금이 결론을 내린다. "우리나라의 민력이 넉넉하지 못하니, 어찌 한결같이 중국과 같을 수 있겠는가? 만약 옹성을 쌓게 되면 마땅히 민가를 헐어야 하니, 빈궁한 자가 어떻게 견디겠는가? 도적이 이 문에 이른다면 이 나라가 나라의 구실을 못할 것이니, 무슨 이익이 있겠는가? 그러니 쌓지 말게 하라." 도적이 숭례문까지 이르게 된다면 나라는 이미 끝장난 것이나 다름없으니 옹성은 쌓아봐야 필요 없을 거라는 얘기다.

연산군 11년에는 남대문 밖의 길을 넓힌다. "숭례문 밖으로부터 망원정望遠亭에 이르는 길의 좁은 곳에 살펴서, 말 열 마리가 나란히 나아갈 수 있도록 닦고 좌우에 표를 세우라." 중종 26년에는 남산에서 호랑이가 나타나 숭례문을 일찍 닫자는 얘기도 있다. 중종 31년부터 숭례문에 종을 달자는 얘기가 나온 이후 계속 종을 달았다 떼는 얘기가 나온다. 결국 숭례문 종은 우여곡절 끝에 종을 달자고 제의했던 김안로가 권력에서 밀려나자 바로 떼어버린다. 명종

5년, 숭례문에서 살인사건이 일어난다. 수문장과 군사들이 교대하여 식사할 때, 한 군사만이 수직하고 있다가 결박을 당하고 칼에 찔려 죽은 것이다. 왕은 어이없어하며 말한다. "매우 놀라운 일이다. 수문장 5인과 수직 군사를 추고하고 의심이 가는 자를 끝까지 찾아내어 체포하라." 살인사건뿐만이 아니라 숭례문에는 가끔 누군가 낙서를 하고 이상한 벽보도 붙였던 모양이다. 광해 3년 "숭례문은 상께서 조서와 칙서를 맞이하는 정문인데, 문의 좌우 돌에다가 무뢰배들이 낙서를 마구 하여 붉은 글씨와 검은 글씨가 보기에 매우 놀랍습니다." 이어 광해 10년에는 흉서가 나붙는다. "흉서를 붙인 자를 체포해 보고하지 못한 것은 수문장과 별장의 죄다. 더구나 흉서를 본 뒤에 즉시 와서 고하지 않았을 뿐만 아니라 군사를 몰래 시켜 찢어버린 뒤 그 자취까지 숨기려 하였으니 그 정상이 매우 수상하다. 숭례문 별장 장응명張應明, 한진하韓振河, 서유일徐惟一 등을 모두 잡아다 추국하라."

그리고 숭례문에는 이상한 일도 많이 일어났다. 인조 24년 1월 15일에는 숭례문 문이 저절로 닫혔고, 숙종 32년에는 예의 화기를 누르기 위해 숭례문 밖에 파놓은 못이 뜨겁게 끓어오르는 바람에 죽은 고기가 못 위로 뜨는 일이 일어나기도 했다. 무슨 일인지 모르지만 숙종 40년에는 도둑

이 숭례문에 익명서匿名書를 건 사건이 있었는데, 말이 지극히 부도하였다고 적고 있다. 순조 23년에는 일부러 성곽을 파괴하는 일까지 벌어졌다. "본영의 석수 최영득崔英得이 밤을 틈타 몰래 숭례문 근처의 체성을 헐다가 패장에게 붙잡혔습니다. 그 내막을 조사해 보았더니 장료을 타기 위해서 이러한 흉계를 꾸민 것이었습니다. 군률로 처치해야 합당하겠으니, 오늘 진을 연습할 때에 효수하여 대중을 경계하여야 하겠습니다." 장료에 불만을 품고 금위영의 석수가 벌인 일이다.

1962년 문화재 관리법이 제정되면서 일제가 붙인 관리번호를 그대로 본받아 숭례문은 국보 1호로 지정된다. 그 뒤 1996년 11월 '역사적 문화적 가치가 없다'는 이유로 국보 1호를 바꾸자는 논의가 있었다.

'남대문에 불을 지른 범인은 70살의 노인인데, 일산 원주민이었다고 한다. 신문에 난 기사를 읽었다. 일산에 땅을 가지고 있었는데 신도시 개발 할 때 보상금 1억 정도를 받고 토지를 강제 수용 당했다고 한다. 아무도 그 노인의 원한을 귀담아 들어주지 않았고, 노인은 원한을 풀길이 없어서 남대문에 불을 질렀다고 경찰에서 진술했다. 나는 서울 사대문안 사람인데,

거기에서 뿌리 뽑혀 일산으로 왔고, 노인은 일산 사람인데,
일산에서 뿌리 뽑혀 남대문에 불을 질렀다. 노인은 이제 교도소로
가서 아마도 거기에서 여생을 마칠 것이고 나는 무슨 뾰족한 수가
있기 전에야 도리없이 일산에서 살아야 할 것이다.
남대문은 내 고향 사대문 안의 오랜 상징이었다. (중략)
사람들아, 설에 고향에 다녀온 사람들아. 불타버린 내 고향의
남대문을 보아라. 그리고 내 고향 서울을 다시는 타향이라고
말하지 마라. 타향 위에 고향을 건설하지 못하는 한 당신들은
영원히 고아이며 실향민인 것이다. 내 고향 서울에 이제 남대문은
없다.'

———

김훈, 「고향과 타향」, 『대산문화』 봄호, 2008. 중에서

또, 오래 전 박완서는 이렇게 남대문을 묘사했다.

아침 느지막이 중학다리 집을 떠나 종로 광교 을지로 입구
남대문까지 우린 너무 느리게 걸었고, 어머니가 이렇게
굼벵이처럼 걷다간 해 안에 한강도 못 건너겠다고 걱정을 하는
바람에 이제부터 앞만 보고 기운 내서 열심히 가야겠다고, 마지막
돌아보는 셈치고 돌아다본 시야에 문득 남대문이 의연히 서
있었다.

눈발을 통해 본 남대문은 일찍이 본 일이 없을 만큼 아름답고
웅장했다. 눈발은 성기고 가늘어서 길엔 아직 쌓이기 전인데
기왓골과 등에만 살짝 쌓여서 기와의 선이 화선지에 먹물로
그은 것처럼 부드럽게 번져 보이는 게 그지없이 정답기도
했지만 전체를 한덩어리로 볼 땐 산처럼 거대하고 준엄해 내
옹색한 시야를 압도하고 넘쳤다. 나는 이상한 감동으로 가슴이
더워 왔다. 남대문 미의 극치의 순간을 보는 대가로 이 간난의
피난길이 마련되었다 한들 어찌 거역할 수 있으랴 싶었다.
그건 결코 안이하게 보아질 수 없는, 꼭 어떤 비통한 희생의
보상이어야 할 것 같은 생각이 들었기 때문이다.

 나는 거의 종교적인 경건으로 예배하듯 남대문을 우러르고
돌아서서 남으로 걸었다. 이상하게도 훨씬 덜 절망스러웠다.

 그 후 피난생활이 맺어 준 인연으로 오늘날까지 계속된 오랜
객지 생활에서도 그 때 눈발을 통해 본 남대문의 비장미의
영상은 조금도 퇴색함이 없이, 어머니나 동생들이나 중학동
옛집이나 그 밖의 내 소녀 시절의 앳된 추억이 서린 서울의 어느
곳보다 훨씬 더 강력한 향수의 구심점이 되었다.

박완서, 「부끄러움을 가르칩니다」, 문학동네, 2013. 중에서

그리고 2008년 2월 10일 전소되었다. 많은 사람이 울
었다.

오늘도 서울에서는

자본만이 풍경이 되어

모두를 전쟁으로 만든다

때때로 많은 것을 허물었지만

그곳에는 언제나 사람이 있었다

헌책방 거리를 찾아서

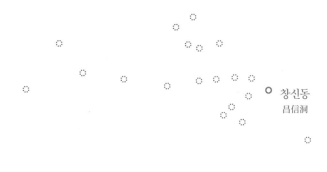

창신동
昌信洞

헌책방이 사라지고 있다. 복사기의 대중화 때문이라고도 하고, 소비 경제로 이행하는 과정에서 나타나는 당연한 결과이기도 하다. 헌책방은 '헌' 책이라는 품목이 말해주듯이 이미 일차적인 소비 경로를 거쳐서 이차적인 소비 경로 속으로 편입된 소매점이다. 따라서 그 공간 규모도 1차 소비 매장으로서의 백화점이나, 요즘 들어 활성화된 할인 매장과는 비교도 되지 않게 작은 경우가 대부분이다. 그 이유는 너무나 뻔하다. 이윤이 박하기 때문이다. 시내 중심가에 자리 잡은 대형 서점과 같은 규모로 경쟁하기에는 이미 1차 소비를 거친 만큼, 가격 또한 절하될 수밖에 없다. 건물 임대료, 관리 유지비 같은 경상비용이 헌책방의 규모를 일정한 크기로 규정하고 있다고 보아도 좋을 것이다. 말하자면, 지금 청계천 일대에 산재한 헌책방 규모 이상의 공간에서는 매장 면적이 늘어나는 것만큼 이윤은 기하급수적으로 떨어지는 것이다. 헌책방의 이윤을 최적화하기 위한 한계효용이 존재한다.

사실 나는 헌책방을 자주 이용하는 편은 아니다. 그러나 우리가 한없이 구부러진 기찻길에서 느끼는 메르헨이 있듯이 헌책방에서 그런 동화적인 페이소스를 느낀다. 일단 편하고, 더군다나 책값도 싸며, 아무렇게나 쌓아 올린 책 덩어리와 그 사이로 작은 오솔길처럼 나 있는 통로들은, 일반 서점에서는 느낄 수 없는 오래된 지식의 길을 걷는 듯한 특별한 감정을 준다. 일반 서점에 가면 베스트셀러 작가들이 생각나지만, 왠지 헌책방에서는 쌓여 있는 책의 모퉁이 모퉁이마다 문득 보르헤스와 에코를 만날 것 같은 터무니없는 상상도 할 수 있는 것이다. 그리고 실제로 그들의 책은 모든 헌책방마다 반드시 있다. 손님에 무관심한 주인, 헌책의 쿰쿰한 냄새, 무질서 가운데서도 원하는 책을 잘도 골라내는 놀라운 감각의 주인이 있는가 하면 그저 뭉뚱그리며 "거기쯤 찾아봐." 하는 성의 없는 주인들까지 그 모든 것이 하나의 가치로 재단되는 것이 아니라, 나름대로 개성으로 보이는 곳도 헌책방이다. 바로 그런 이유로 헌책방은 틀에 짜인 도시의 커다란 그림 속에서 작고 고요한 활력으로 움직인다.

그렇다면 헌책방의 건축적, 도시 공간적 의미는 무엇일까? 박물관이나 관공서와 같이 단일한 건물의 의미가 있는 것도 아니고, 달동네와 같이 사회학적인 여파도 미치지 못하는 헌책방이라는 공간이 사라진다고 해서 우리가 거기에 새삼 주목해야 할 이유는 없다. 그렇다면 나는 왜 이 글을 쓰고 있는 것이며, 무슨 말을 하려고 하는 것일까? 하나는, 그저 극히 감상적인 아쉬움 때문이다. 그것은 마치 오래 지니고 다니던 만년필을 잃어버렸을 때 느끼는 허전함과 크게 차이가 없는 개인적인 감정일 뿐이다. 다른 하나는 빠른 소비와 재생산 속에서 소비 주체로서 정체성을 잃어버리고 있는 현대 자본주의의 일방통행에 관한 이의 때문이다. 좀 더 느슨하게 갈 수는 없을까? 하는. 그 이의 중하나는 당연히 책값 문제다. 우리가 헌책방을 찾는 경제적인 이유는(정서적인 이유는 우리들 각자의 마음속에 따로 있다) 보다 책을 싸게 사려는 것이다. 그 와중에 희귀 서적을 책 주인의 무지에 기대 소장하게 되는 거의 사기꾼 같은 행운은 보너스다. 새 책을 취급하는 서점에서 책값은, 일방적으로 책 겉장에 적혀 있는 공급자의 의사가 소비자에게 강요된다. 그 결정을 받아들일 수 없을 때 소비자가 할 수 있는 행동이란 고작 구매를 포기하는 것이다. 그러나 헌책방에서는 다르다. 부르는 게 값일 수 있고, 깎는 게 값일 수 있다. 얼마든지 공급자와 소비자 사이의 자유로운 타협이 가능하며, 합리적인 가격 결정보다는 비합리적이고, 심정적인 가격 결정이 이루어진다. 헌책방에서는 화폐가 경제 활동의 단일한 가치로서가 아니라 물물 교환의 상대적인 가치로 변해 버린다. 화폐가치가 똑같은 책인데도 수시로 바뀐다. 그러니 헌책방에서는 손해 보는 이도 있고 득을 보는 이도 있다. 한마디로 불공평하다. 나는 그 화폐가치에 대해 불공평한 자본주의를 사랑한다. 헌책방이라는 공간에서 이루어지는 인간의 행위에는 따뜻한 자본주의의 얼굴이 있다. 그 불공평한 거래가 헌책방이라는 공간을, 도시 공간을 지배하는 자본주의적 질서에 대응하게 한다. 그리고 헌책방에서 이루어지는 이러한 경제적 행위들이 헌책방이라는 공간을 건축적으로 재고하게 하는 명백한 이유가 된다. 왜냐하면, 현대 건축은 가장 자본주의적 질서에 충실한 장르이기 때문이다.

그런데 왜 여타 재활용품점들, 이를테면 다른 중고 가게보다 유독 중고 책방에 이런 따뜻한 자본주의의 얼굴이 남아 있는 것일까? 아마도 그것은 지식 상품의 특이성에서 그 이유를 찾아볼 수 있을 것이다. 지식은 소비할수록 그것을 포장한 종이나 기타 인쇄 상태는 나빠지겠지만 상품의 내용은 소비되면서 더욱더 새로워진다. 다른 상품들은 상품의 형식이 상품의 내용을 결정하지만 책은 무엇보다도 상품의 내용과 형식이 불일치하는 몇 안 되는 품목 중 하나이다. 더군다나 책은 소비와 생산이 동시적으로 이루어지는 특질이 있다. 인쇄하고 종이를 만들어 공급하는 행위로서의 생산을 말하는 것이 아니라, 생산 주체로서의 저자와 그것을 소비하는 독자의 관계를 말하고자 하는 것이다. 말하자면 소비자들은 어떤 내용의 지식 상품이든 그것을 자기의 경험과 자신이 소비한 다른 저서와 부지불식간에 연관 지어서 이해하게 되는데, 그 과정에서 지식은 금방 다른 경험과 변형을 낳는다. 그것이 소비하자마자 재생산되는 지식의 유통과정이다.

헌책방은 그런 지식의 유통구조를 단적으로 드러내는 공간이다. 책방 주인은 자본주의의 가장 기본적인 판매 방식인 서비스 정신이 결여되어 있으며 구매자들 또한 헌책방에서 그런 것은 기대하지 않는다. 이러한 자본주의적 판매 방식이 어그러지는 것은 순전히 앞서 애기한 하나의 불일치와 하나의 동시성에서 기인한다. 대형 할인 매장들이 종래의 백화점식의 서비스, 그중에서도 인테리어의 고급화를 버리고 그 대신 가격을 내려 매장을 아예 창고처럼 활용하는 것처럼, 헌책방은 창고 그 자체다. 따라서 헌책방에는 책을 쌓아 두는 창고가 따로 없다. 책도 분류되어있지 않고 하역된 생김새 그대로이다.

남이 쓰다 버린 것을 지독히 싫어하는 우리네 정서를 고려할 때 헌책방이 받는 사랑은 의외라고도 할 수 있다. 그 예외적인 선호에는 이미 소비한 지식의 풋풋함이 여전히 자리하고 있다. 그리고 그 풋풋함은 발견의 기쁨을 아는 자만이 간직할 수 있는 행운과도 같다. 우연히 얻는 인연. 그렇다면 우리는 여기서 다른 한 가지 중요한 단서를 붙잡고 다시 헌책방이라는 공간을 들여다볼 수 있게 된다. 그것은 바로 소비된 지식의 풋풋함과 그것을 발견하는 기쁨을 연결하는 메르헨이다.

어두운 조명(대부분 헌책방이 어두운 이유는 조도가 떨어지는 조명 탓이 아니라, 쌓여 있는 책들이 빛을 흡수하면서 상대적으로 어두워 보이는 것이다), 낡고 바란 책들의 고리타분한 울림,

무뚝뚝한 주인의 무관심, 그리고 기대 같은 것들은 곧바로 우리를 아득한 메르헨으로 인도한다. 그것은 바깥 세계가 주는 반짝이고, 으리으리하며 새로운 것을 추구하는 풍경과는 사뭇 다르다. 사춘기의 어느 한때 지적 세례를 받은 자라면 이미 거기에서 빛나는 지성과 조우했을 것이고, 이제 막 귀중한 보물을 들고나올 수도 있다.

한마디로 헌책방은 일상에서 일탈해 있다. 그것은 동화적인 공간이며, 재생산되길 기다리는 40인의 도적들이 쌓아둔 지식의 보물창고와도 같다. 밖의 세계가 계획되고, 정돈되어 있으며, 신호와 법규에 따라 길을 건너고, 순응해야 한다면, 헌책방은 느슨하고 의외의 발견이 준비되어 있으며, 비합리적인 우연이 일어나는 장소이다. 일반적으로 건축은 한 사회의 요구와 경제적 가치를 실현하는 공간을 만들지만 거꾸로 건축은 인간의 행위를 만들거나 특정한 방향으로 이끌 수도 있다. 도시의 분위기에서 자란 사람과 농촌의 풍경 속에서 자란 사람의 기질이 다른 것처럼, 한옥에 사는 사람과 아파트에서 자란 사람의 정서는 같은 도시 안에서도 다를 수 있다. 마찬가지로 헌책방의 공간은 그 의도와는 상관없이 잠시 우리들이 자본주의적인 삶을 포기하고 싶게 만든다.

모든 공간은 그 공간에 걸맞은 꿈을 꾸게 만든다. 헌

책방이 주는 꿈은 이렇듯 비합리적이고, 그 공간의 생성 자체도 대부분 우연적이다.

● 　　　　　　　헌책방이 있는 거리 풍경

나는 일지사에서 나온 1976년 판 이청준의 『별을 보여드립니다』를 갖고 있다. 물론 헌책방에서 산 것이다. 세로 쓰기로 조판한 이 소설집의 뒷장에는 'COURTESY OF CAMP PAGE LIBRARY'라는 도장이 찍혀 있고, 수기로 '보안대 유 병장'이라고 적혀 있다. 미루어 짐작건대 유 병장은 춘천에 있는 미군 부대에서 근무했었고, 부대 도서관에서 이 책을 훔쳐서 소장하다가 다시 헌책방에 내놓은 것으로 보인다. 내가 여러 번 이사를 하면서도 이 낡은 책을 버리지 않은 이유는 그것이 단순히 오래된 책이기 때문만은 아니다. 아마도 이 책이 나에게 오기까지의 사연을 버리지 못했을 것이다.

　한 물건에 대한 역사로 치자면 대대로 물려받은 귀중한 유물을 들 수도 있을 것이다. 하지만 전혀 생면 부지한 사람들이 하나의 물건에서 때로는 간단한 메모로, 때로는 인상 깊은 문장에 그어놓은 밑줄로 교감 할 수 있다는 것은

경이롭다고 해도 과언이 아니다. 이러한 밑줄은 여러 사람
을 거치면서 점점 많아지지만, 애석하게도 헌책방의 밑줄
은 도시에서 점점 사라지고 있다.

　서울시 전도를 펼쳐놓고 각종 중고점이 몰려있는 위
치를 빨간 연필로 표시하다 보면 그 지리가 대부분 중심 중
에서도 변두리나, 주변부에 머물러 있다는 걸 쉽게 알 수
있다. 그 경제적인 배경은 앞에서 설명한 대로고, 공간적
인 측면은 좀 복잡하고 모호하다. 일단 크게 나누어 보면
종로라는 거대 상권에서 조금 빗겨 있는 방산시장과 황학
동시장, 중앙시장 일대에 큰 블록을 형성하고 있고, 그 외
는 좀 더 전문화되어 사당동 가구 중고 점이 있고, 신촌,
봉천동 일대에 중고 점들이 산재해 있다. 이들 중고 점이
산재해 있는 곳은 대부분 중심 상권에서 벗어나거나, 과거
호황을 누렸던 옛 상권이다. 이는 우리나라 상업 자본이 점
점 거대화를 지향하면서 재래시장이 몰락하고, 백화점으로
대변되는 거대 판매 방식으로 전이하는 과정에서 나타나는
현상이다. 가장 최근에 이루어진 신촌 현대백화점 일대도
불과 수년 전만 하더라도 꾸준히 경기를 누리던 재래식 시
장이 일거에 정리되고, 그 자리에 대형 백화점이 들어서면
서 서부 지역과 일부 북부 지역을 통합한 최대 상권으로 등
장한 대표적인 예다. 그 와중에 개발구역을 제외한 재래식

점포들은 졸지에 중심 상권과는 유리되어 나름대로 활로를 모색하게 된다. 여기서 우리가 주지해야 할 사실은 재래식 시장과 백화점은 그 상권의 영역이 아주 다르다는 것이다. 재래식 시장의 상권 개념이 모호하고 파생적이고, 지역적이라면, 백화점의 상권은 단일하고, 지역적이기보다는 점적이고 보다 광범위하다.

점적이면서 광범위하다, 라는 말은 일견 모순된 것처럼도 보이지만, 백화점 건물에서 가장 중요한 것이 편리한 교통과 넓은 주차장 확보라는 점을 생각하면 쉽게 이해될 것이다. 즉, 재래식 시장이 도시 인프라와 상관없이 지역성을 띄고 있다면, 백화점은 단일한 건물 내에서 보다 다양한 도시 인프라를 동원해 고객을 건물 안으로 끌어들인다. 이렇게 형성된 한 지역 풍경은 도시의 변천 과정을 통시적으로 보여주며 그대로 가로에 전시된다. 최신 재료로 우뚝 서 있는 고층 건물과 그 밑에서 옛 모습 그대로 간직한 채 활기를 잃고 있는 중고 점은 근대화 과정에서 우리가 잃어버리거나 얻은 것들의 단면을 보여준다.

청계천 일대에 자리 잡은 헌책방들의 역사도 그런 우리의 근대화 과정과 떨어뜨려 생각할 수 없다. 청계천 일대에 헌책방이 생기기 시작한 것은 대략 1959년으로 아직 청계천이 복개되기도 전이었다. 당시만 해도 청계천은 막강한 상권을 주위에 두고 있었다. 지금 동대문 운동장 자리에는 시외버스 터미널이 있어 유동인구를 흡수할 수 있었고, 1호선 전차의 종점이 있기도 했다. 당시만 해도 종이가 귀하기도 했고 인근에 성균관 대학교나 서울 대학교 학생 같은 주요 고객도 확보되었으니, 그야말로 황금 상권을 형성하고 있었다. 이러한 청계천 일대 헌책방이 사라지게 된 것도 역시 종로 교보문고 등의 대형 서점의 출현과 그 시기를 같이 한다. 물론 그 이면에는 고도 경제 성장을 구가하며 나아진 생활 경제로, 헌책의 수요가 줄어든 것이 그 동인이 되었음은 두말할 것도 없을 것이다. 그러나 점점 사양화해 가는 헌책방의 운명은 일견, 변화하는 세태에 따르는 자연스러운 일일 수는 있지만, 그것이 가지는 도시 문맥적인 의미는 그렇게 간단한 것이 아니다. 대형 서점이 도심의 밀도를 높이면서도 중요한 휴식 공간으로 작용하는 것처럼 헌책방은 단일한 도시 가로의 속도에, 역시 그 밀도를 유지하면서도 심정적인 휴식을 줄 수 있기 때문이다. 일부러 공원을 조성한 도심의 쌈지공원이 우범지대화 되는 것에 비하면, 헌책방은 자연스럽게 도심의 정서를 환기시킨다. 그러나 사라지는 것은 사라지는 것대로 의미가 있는 것은 아닐까? 또 거기에 아무런 의미도 없다 한들 어떤가. 그러나 아마도 새 책이 계속 나오는 한 헌책방은 없어지지 않을 것이다. 헌책방은 괜히 들어가 보고 싶다. 거기서 누군가가 나를 기다리고 있을 것 같다.

바람부는 날이면

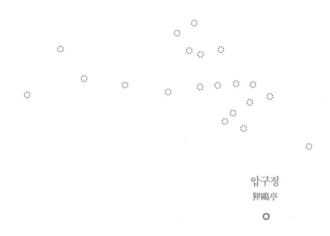

압구정
狎鷗亭

○

지금 압구정 거리는 세련된 현대식 상업 건물과 카페로 즐비하지만 불과 3, 40년 전만 해도 배밭이었다. 늘 사람들로 북적대는 국내 최고의 백화점과 바쁘게 지하철 출입구를 드나드는 사람들, 그리고 첨단 유행을 걷는 패션 전시장을 방불케 하는 지금의 모습을 상상하기 어려웠다. 그러나 분명 그랬다. 뽕나무밭이 바다가 되어버렸다는 옛말도 있지만 배밭이 최첨단 소비문화를 자랑하는 곳이 된 것이다. 상전벽해桑田碧海가 아니라 이전성시梨田盛市가 되었다. 뽕나무밭이 푸른 바다가 되기까지는 무수한 시간의 문제가 개입되었겠지만 배나무밭이 세련된 도시로 탈바꿈하는 데는 불과 몇 년이 고작이었으니 참으로 격세지감이다. 먼 우주의 시간까지 갈 필요도 없이 사람의 일생에 비견하더라도 실로 눈 깜빡할 사이가 아닌가.

그렇게 내가 압구정에서 지내던 시절도 한순간에 지나갔다. 등단 초기만 하더라도 뻔질나게 드나들던 곳이 이곳 압구정이었다. 나는 그때 역삼동 설계 사무실에 적을 두고 있었고, 유하와 진이정 형의 집이 대치동이었다. 그때만 하더라도 청하 출판사가 갤러리아백화점 건너편 뒷골목에 자리하고 있었다. 시인 이선영이 거기에 직원으로 있었으며 윤제림 형이 두산 빌딩에서 광고 일을 할 때였다. 모두가 아직 어렸고, 직장 없이 놀거나 남의 밑에 매여 있을 때였다. 주로 먹고사는 밭이 강남이라 '21세기 전망' 동인은 자주 압구정에서 모임을 가졌다. 그 외 함민복, 박용하, 차창룡, 김중식이 강북에서 왔고, 압구정 뒷골목 실내 포장마차 '황금마차'에서 우리는 주꾸미와 소주를 놓고 술잔을 기울이며 시에 대해 열띤 토론을 벌였다. 그때 우리는 정말 시에 대한 열정으로 가득 차 있었다.

유하가 압구정 연작시를 발표한 것도 그즈음이었고, 진이정 형이 예의 가죽점퍼 차림으로 한국 시인의 촌스러움을 강변하며, 우리도 이제 여배우들과 격 없이 지내며, 스스로 고급 예술의 촌스러운 벽을 무너뜨려야 한다고 익살맞게 주장했던 때도 그때니까, 벌써 10년이 훌쩍 넘었다.

다시 압구정을 걷는 지금 그리운 얼굴들 중에 벌써 한 사람은 돌아오지 못할 길을 갔고, 다른 이들은 모두 나름의 생활로 1년이 가도 얼굴 한번 못 보는 소원한 사이가 되었다. 한때 열정을 나눴던 얼굴에서 이제 늙음을 읽어야 한다는 것도 썩 자연스러운 일은 못 된다. 어쩌면 이 거리가 그랬다. 압구정 거리의 시작 자체가 우리 근대화의 내키지 않는 부산물쯤 되는 곳인지도 모른다.

●   흥부의 졸부記

알고 있듯이 강남은 강북 도심의 역할을 분산, 혹은 확장시키기 위해서 개발된 것이 아니다. 말하자면 강북 도심의 수용 역량이 한계에 부닥뜨리면서 확장된 부도심으로서의 강남 개발이 이루어진 게 아니라는 얘기다. 물론 그런 부수적인 효과도 노렸겠지만 근본적으로는 1967년 대통령 결정으로 경부고속도로 사업이 시작되면서 토지 보상비 없이 도로용지를 확보하는 일이 절실했던 이유가 더 크다. 그래서 제3한강교에서 양재동 구간의 건설 책임을 맡은 서울시는 부랴부랴 영동 제1지구 구획정리사업에 착수한다. 대상지는 428만 평으로 세계가 놀랄만한 규모였다. 이에 따라 제3한강교 건설도 처음 계획보다 앞당겨 시행되었고, 이때 1970년 양택식 시장이 삼성동, 압구정동, 대치동 등 '영동 제2지구' 개발 365만 평의 구획정리사업이 추가되면서 강남 전체가 공사판으로 변한다. 그리고 한국 부동산 투기의 원년이 시작되는 것도 이즈음이다. 그러나 터를 닦고 아파트만 짓는다고 사람들이 부나비처럼 몰리겠는가? 그래서 군부가 생각해 낸 것이 기막히게도 한국 부모들의 교육열을 이용하는 것이었다. 세상에 어느 정부가 국민의 교육열을 이용해 특정 지역으로 인구를 몰아넣을 생각을 하겠는가? 동숭동에 있던 서울 대학교가 관악산으로 옮겨갔고, 경기 고등학교, 서울 고등학교 등 소위 명문고를 강남으로 강제 이주시키면서 '8학군'이라는 명문대 진학의 보증수표 학군이 만들어졌다.

당연히 이 전략은 정확하게 강북에 있던 부유층의 마음을 움직였다. 그들은 자식 교육을 위해 강남으로, 맹모삼천지교를 감행했다. 이제 부동산 투기에는 확실한 명분마저 세워졌다. '자식들의 교육을 위해…….' 그들은 강남으로, 강남으로 몰려들었다. 이 기막힌 아이디어가 누구의 머리에서 나온 건지 모르지만, 강남의 부동산 투기열은 한국 부모들의 교육열을 업고 타올랐다는 점에서 나중에는 사교육의 비대한 성장으로 이어지게 되었다. 소위 '빨간 바지'라고 불리는 복부인들이 부패한 정권의 그늘 밑에서 주워들은 정보로 막대한 부동산 매매 차액을 남겼다. 배밭을 가꾸면서 근근이 생활하며 자식 공부시키고 평화롭게 살아가던 강남 원주민에게도 자본주의의 놀라운 은총이 내려지던 때였다. 이때 '졸부'라는 말이 유행했다. 배밭을 팔아서 졸지에 생전 처음 보는 거금을 거머쥔 전직 농부들은 그야말로 쏟아져 내린 '돈벼락'을 주체하지 못했다. 그리고 그것은 그렇게 농부들에게 땅을 사서 더 비싼 값으로 되팔아 막대한 이익을 챙긴 복부인들도 마찬가지였다. 그들은 모두 쉽게 번 돈을 아끼지 않았다. 앞다투어 자식들을 유학 보내고, 집 안에 에스컬레이터를 설치했으며, 화장실의 모든 벽은 이태리산 대리석으로 치장했고, 그래도 남은 돈으로는 때마침 불기 시작한 골동품 열기에 발맞춰 마치 자신이 고매한 고미술 애호가라도 되는 양 골동품 사재기에 열을 올렸다. 이 미쳐 돌아가던 시기를 김지하 시인은 「오적」에서 이렇게 풍자했다.

저놈 재조봐라 저 재벌놈 재조봐라

장관은 노랗게 굽고 차관은 벌겋게 삶아

초치고 간장치고 계자치고 고추장치고 미원까지 톡톡쳐서

실고추과 마늘 곁들여 나름

세금받은 은행돈, 외국서 빚낸 돈, 왼갖 특혜 좋은 이권은 모조리

꿀꺽

이쁜 년 꾀어서 첩삼아 밤낮으로 작신작신 새끼까기 여념없다

수두룩 까낸 딸년들 모조리 칼쥔놈께 시앗으로 밤참에 진상하여

귀뜀에 정보얻고 수의계약 낙찰시켜 헐값에 땅샀다가 길뚫리면

한 몫잡고

천千원 공사工事 오원에 쓱싹, 노동자임금은 언제나 외상외상

둘러치는 재조는 손오공할애비요 구워삶는 재조는 뙤놈술수

빰치겠다.

그리고 이들의 집을 묘사하는 장면이 또 놀랍다.

몇십리 수풀들이 정원 속에 그득그득, 백만원짜리

정원수庭園樹에 백만원짜리 외국外國개

천만원짜리 수석비석瘦石肥石, 천만원짜리 석등석불石燈石佛,

일억원짜리 붕어 잉어, 일억원짜리 참새 메추리

문門도 자동, 벽도 자동, 술도 자동, 밥도 자동, 계집질 화냥질

분탕질도 자동자동

여대생女大生 식모두고 경제학박사 회계두고 임학林學박사

원정園丁두고 경제학박사 집사두고

가정교사는 철학박사 비서는 정치학박사 미용사는 미학美學박사

박사박사박사박사

잔디 행여 죽을세라 잔디에다 스팀넣고, 붕어 행여 죽을세라

연못속에 에어컨넣고

새들 행여 죽을세라 새장속에 히터넣고, 개밥 행여 상할세라

개집속에 냉장고넣고

(…중략…)

전자가방, 쇠유리병, 흙나무그릇, 이조청자, 고려백자, 거꾸로

걸린 삐까소, 옆으로 붙인 샤갈,

석파란石坡蘭은 금칠액틀에 번들번들 끼워놓고,

산수화조호접인물 山水花鳥蝴蝶人物

내리닫이 족자는 사백점 걸어두고, 산수화조호접인물 山水花

鳥蝴蝶人物

팔천팔백팔십팔점이 한꺼번에 와글와글,

김지하, 『오적』, 솔, 1993. 중에서

사실, 이 시에 나오는 오적의 집에 대한 묘사는 시인이 직접 본 것이 아니다. 그러나 수사관이 직접 조사한 내용은 신기하게도 시인의 상상과 정확하게 일치했다. 직접 조사하고 돌아온 수사관들 입에서 욕이 쏟아져 나올 정도로 사치가 극에 달했다고 한다. 어찌 보면 그것은 당연한 수순이었다. 가난한 농부에서, 혹은 가난한 군인의 아내에서 일약 거물로, 정권 창출의 주역으로 신분 상승한 그들의 1차 목표는 당연히 자기 집을 새로 짓고, 온 힘을 다해 치장하는 일이었다. 말하자면 흥부가 첫 번째 박을 탈 때 나온 것은 죽은 사람도 살린다는 환혼주還魂酒 등 세상의 모든 불치를 낫게 하는 희귀한 약재였다. 그러나 흥부 마누라는 대뜸, "우리 집에 약 사러 올 이 없고, 아직 효험 빠르기는 밥만 못하오." 하며, 지금 당장 등 따숩고 배부르기를 원한다. 그래서 뒤이어 타는 박에서는 세간살이, 그러니까 집과 집을 치장하는 온갖 고급 가구며 사치품이 쏟아진다. 그다음에 나오는 것이 여자다. 강남 부동산 투기 붐도 흥부의 박에서 나오는 온갖 재물 순서와 크게 벗어나지 않는다. "개처럼 벌어서 정승처럼 쓴다"는 옛말처럼 사람은 돈이 생기면 권력을 탐하고, 그에 걸맞은 '문화 분위기'를 원한다. 1970년대 인사동을 휩쓸던 골동품 수집 열기를 둘러싼 그 수많은 웃지 못 할 에피소드 이면에는 강남 개발을 둘러싼 부패한 정권 담당자가 자기 이익 챙기기와 그로 인해 졸지에 부자가 되어버린 흥부 같은 사람들의 '졸부記'가 있었다. 그래서 김지하의 「오적」은 풍자가 아니라 당대의 현실이 었던 것이다.

● 친할 압押자와 누를 압壓자

'21세기 전망' 동인들은 사실 동인이라고 부르기 쑥스러울 정도로 시 세계가 각자 다르다. 그러나 나를 포함한 우리 '21세기 전망' 동인 초기에 나타나는 한국 자본주의의 천박함에 대한 신랄한 비판은 이데올로기가 제거된 90년대 초 시단을 전시대와 구분했다. 실제로 우리는 (물론 약간의 치기였지만) 인사동을 중심으로 모여드는 이전 문인들과 스스로를 구분했다. 우리가 비판한 한국 자본주의의 천박성이 노골적으로 드러난 현장인 압구정에서 놀며 시와 예술을 얘기했고, 그 덕분에 우리는 일찍이 비판 속에서 새로운 가능성을 생각할 수 있었다. 압구정은 이미 새로운 문화적 상징이 되어있었다.

압구정동押鷗亭洞이란 지명은 조선 세조 때의 권신 한한명회韓明澮(1415~1487)가 지은 압구정이라는 정자에서 유

래한 것이다. 한명회는 수양대군을 도와 계유정란의 일등
공신이 된 뒤 성종 대에 이르기까지 수십 년 동안 고위 관
직을 지낸 인물로 무려 30여 년 동안 권력의 중심에 자리했
다. 주도면밀하게 세류를 파악했던 그였지만 관직을 떠난
뒤에도 다시 임금의 부름을 받기 위해 서울에서 멀지 않은
지금의 압구정동 자리에 정자를 짓고 머물렀으니, 수양대
군을 도와 '킹 메이커'의 역할을 다했던 그도 자신의 권력욕
만큼은 어쩔 수 없었던 모양이다.

그러나 또 한편으로 생각하면 그 당시 사대문 안이라
는 것이 지금 우리가 생각하듯이 유연한 것이 아니었다고
할 때 한강 건너에 자리를 잡고 물러나 있던 그의 행적이
과히 흉이 될 법한 일은 아니지 않나 싶다. 따지고 보면 화
전에 머물렀던 중신도 많고 서울에선 좀 멀지만 파주에 자
리를 잡고 있었던 사람도 많았다고 볼 때, 한명회가 특히
비난을 받은 것은 순전히 그의 정치력을 위험하게 여기던
사람들에 의한 비난성 발언에 가까운 야유였다.

그와는 대조적으로 파주에서 서쪽으로 임진강 가에는
반구정伴鷗亭이라는 작은 정자가 있다. 세종조의 명재상이
며 청백리의 귀감인 방촌尨村 황희黃喜 정승의 정자인데 반
구정의 '伴'과 압구정의 '狎'은 둘 다 '벗한다'는 뜻이다. 그러
나 두 사람이 놀았던 갈매기는 아주 달랐다. 황희가 말 그

대로 갈매기로 상징되는 무심의 상태와 놀았다면 한명회의 그것은 먹이를 탐하는 갈매기와 같았다. 그래서 누구는 한 명회의 압구정의 '압'자를 친할 '押'이 아닌 누를 '壓'자로 야 유하기도 했다. 한명회는 자구를 고쳐서 당하는 이런 조롱 을 꽤 많이 받은 것 같다. 생육신의 한사람인 김시습이 강 정江亭에 걸려 있는 한명회의 젊어서는 사직을 짊어지고, 늙어서는 강호에 눕는다(靑春扶社稷 白首臥江湖)라는 시구의 扶를 亡으로, 臥를 汚로 고쳐 써서 '젊어서는 사직을 망치고 늙어서는 강호를 더럽힌다'는 뜻으로 바꾸어버린 일화는 유명하다.

　그러나 압구정이란 이름은 한강 변에 있는 이 정자 때 문에 붙여진 이름이 아니다. 원래 '압구'는 한명회의 호이 다. 중국 송나라 재상이었던 한기韓琦가 만년에 정계에서 물러나 한가롭게 지내던 서재 이름인 압구정에서 따온 것 이다. '속세에서 벗어나 한적한 강가에 머물며 갈매기와 친 하게 지낸다'는 뜻이다. 그러니까 한명회는 한기의 정자 이 름에서 자신의 호를 따왔고, 그것을 다시 자신의 정자 이름 으로 지어 부른 것이다.

　아마 한명회가 거닐 때 한강 변은 흰 배꽃이 눈을 어 지럽히는 봄날이 있었을 것이고, 갈매기들이 한가롭게 날 아다니던 조용한 강가였을 것이다. 지금은 피부 미용실에

서 선탠을 한 늘씬한 미녀들이 온갖 화려한 외국 상호를
단 건물 사이를 활보하는 소비 자본주의의 대표적인 거리
가 되었지만 말이다. 시인 유하는 압구정동을 이렇게 노래
했다.

압구정동은 체제가 만들어낸 욕망의 통조림 공장이다

국화빵 기계다 지하철 자동 개찰구다 어디 한번

그 투입구에 당신의 와꾸를 디밀어보라 가령 나를 포함한 소설가

박상우나

시인 함민복과 같은 와꾸로는 당장은 곤란하다. 넣자마자 띠 -

소리와 함께

거부 반응을 일으킨다 그 투입구에 와꾸를 맞추고 싶으면 우

선 일 년간 하루 십 킬로의

로드워크와 새도 복싱 등의 피눈물 나는 하트 트레닝으로

실버스타 스탤론이나

리처드 기어 같은 샤프한 이미지를 만들 것 일단 기본 자세가

갖추어지면

세 겹 주름바지와, 니트, 주윤발 코트, 장군의 아들 중절모, 목

걸이 등의 의류 액세서리 등을 구비할 것 그 다음

미장원과 강력 무스를 이용한 소방차나 맥가이버 헤어 스타일

로 무장할 것

그걸로 끝나냐? 천만에, 스쿠프나 엑셀 GLSi의 핸들을 잡아야

그때 화룡점정이 이루어진다

그 국화빵 통과 제의를 거쳐야만 비로소 압구정동 통조림

통속으로 풍덩 편입될 수 있는 것이다

이곳 어디를 둘러 보라 차림새의 빈부 격차가 있는지 압구정동

현대 아파트는 욕망의 평등 사회이다 패션의 사회주의 낙원이다

가는 곳 마다 모델 탤런트 아닌 사람 없고 가는 곳마다 술과

고기가 넘쳐나니 무릉도원이 따로 없구나 미국서 똥구루마 끌다

온 놈들도 여기선 재미 많이 보는 재미 동포라 지화자, 봄날은

간다 -

해서, 세속 도시의 즐거움에 동참하고 싶은 자들 압구정동의

좁은 문으로 들어가길 힘쓰는구나

투입구의 좁은 문으로 몸을 막 우겨넣는구나 글쟁이들과 관능

적으로 쫙 빠진 무용수들과의 심리적 거리는, 인사동과 압구정동

과의 실제 거리에 비례한다.

걸어가면 만날 수 있다오 오, 욕망과 유혹의 삼투압이여

자, 오관으로 느껴보라, 안락하게 푹 절여진 만화방창 각종 쾌

락의 묘지, 체제의 꽁치통조림 공장, 그 거대한 피스톤이, 톱니바

퀴가 검은 기름의 몸체를 번득이며 손짓하는 현장을

왕성하게 숨막히게 숨가쁘게 그러나 갈수록 섹시하게

바람이 분다 이곳에 오라

바람이 분다 이곳에 오라

바람이 불지 않는다 그래도 이곳에 오라

———

유하, 「바람부는 날이면 압구정동에 가야 한다 2—욕망의 통조림 또는 묘지」,
「바람부는 날이면 압구정동에 가야 한다」, 문학과지성사, 1991. 중에서

●   난무하는 이미지

압구정동이 오늘날 소비 자본주의의 대표 격인 거리가 된
것에는 신도시라는 여러 제약을 극복하기 위한 자본의 안
간힘이 있었다. 이 자본의 힘에는 현대백화점과 갤러리아
로 대표되는 거대 자본과 카페를 중심으로 이 거리에 밀집
해 있는 소규모 자본의 두 가지 힘이 존재한다. 알다시피
강남은 우리나라에서 본격적으로 대단위 아파트 단지가 실
험된 지역이었다(외국인들은 강변북로를 달리다가 강남 아파트를
보고 서울의 슬럼인 줄 안다). 따라서 자연히 아파트 단지에 거
주하게 될 막대한 인구를 거대자본이 놓칠 리 없고, 당연히
그 수요에 따라 백화점이 들어서게 되었다.

    당시 아파트에서 살 수 있었던 사람은 교육받은 30대
후반에서 40대 중반 정도였고, 또 그들은 당시 무자비하게

진행되던 개발 이익 수익금을 어느 정도, 그리고 어떤 방식
으로든 나눠 가질 만한 사회적 위치를 지키고 있었다. 오늘
날 압구정 문화를 처음으로 창출한 것은 다름 아닌 가정주
부였다. 백화점을 찾는 주부들은 쇼핑 외의 다른 무엇을 원
했다. 정형적인 백화점 부대시설에 만족하지 못했고, 거대
자본은 이런 다양한 기호를 만족하게 할만한 변화를 주도
하지 못했다. 그 불만을 만족시키며 압구정에 하나둘씩 자
리한 카페는 나중에는 서로의 변별성을 경쟁적으로 주장
했고, 점점 고급화되는 소비자의 기호에 따르기 위해 너도
나도 일본의 세련된 실내장식을 모방했다. 이 시점에서 압
구정 거리를 주도하던 주부들은 순식간에 그들의 자식들과
세대교체 된다. 이 일본풍에 열광한 것은 소자본들이 노렸
던 주부들이 아니라 그들의 자식들이었다.

그리고 1989년부터 해외여행 자유화가 시행되면서 강
남 자제들이 국내의 힘겨운 입시 지옥에서 벗어나기 위해,
유학을 빙자해 탈출을 감행한다. 대학 간판이 중요했지 본
래 공부에 뜻이 없던 이들은 외국에 나가서도 유학생끼리
모여 노름과 도박, 마약으로 외화를 탕진하면서 일단의 사
회 문제로 등장하고, 그 시기에 압구정 거리는 또 한 번의
변화를 겪는다. 고등학교 때 억압에서 벗어나 갑자기 이국
땅에서 학교와 부모로부터 자유로워진 이들에게 스스로에

대한 통제 기제란 게 있을 리 만무했다. '욕망의 통조림 공장'으로서의 압구정 거리는 그렇게 만들어졌다.

> 캐롤마저 섹슈얼한 이 색쓰는 거리.
>
> 파리크라상, 애마 스쿠프, 앙드레 부띠끄
>
> 낯선, 혹은 낯익은 외래어들과 상표.
>
> 말가죽 부츠를 신은 아가씨, 주윤발 코트를 걸친 아이에게도
>
> 삐라 돌리고 싶다

유하, 「바람부는 날이면 압구정동에 가야 한다 2—욕망의 통조림 또는 묘지」,
『바람부는 날이면 압구정동에 가야 한다』, 문학과지성사, 1991. 중에서

말하자면 압구정 거리는 '온갖 이미지들이 난무'하는 곳이다. 그러나 그 난무에는 개발 독재의 틈바구니에서 자란 한국 자본주의의 천박성이 내재해 있고, 부모 세대의 천박함을 경멸하는 신세대의 반항과 실패가 같이 한다. 말하자면 그 이미지의 난무에는 우리 현대사의 질곡이 빼곡하게 숨어 있는 것이다. 지금도 압구정 거리의 번화함은 여전하지만, 사람들은 이제 그 거리가 지닌 세련됨의 천박성을 눈치를 챈 것 같다. 소비 자본주의의 거품이 걷힌 것이다.

요즘 새롭게 마치 압구정동을 포위하듯이 들어서고 있는 화랑들은 현대 회화의 구매 수요로서의 강남 자본을 다시 인식하고 있다. 주로 신사동과 청담동 일대에서 압구정동 현대 고등학교 건너편으로 2차선 도로가 남쪽으로 곧게 나 있는 신사대로까지 뻗어 있는 길에 강남의 화랑들이 있다. 선구자 격인 예화랑, 그리고 예화랑과 더불어 이 골목을 대 표하는 표화랑은 특히 유병엽, 임직순, 이종상, 이강소, 이 두식 등 굵직한 작가들의 작품을 많이 소장하고 있다. 그 외에도 주로 대작들을 전시하는 다도화랑, 문신의 조각을 볼 수 있는 갤러리 대아(이 갤러리 주인은 원래 화학 관련 회사 에 다니는 컬렉터였는데 화랑 주인으로 변신했다) 등 많은 화랑이 있다.

그런 점에서 성수대교 붕괴는 많은 것을 시사한다. 이 전대미문의 사건은 거품임이 밝혀졌음에도 관성에 의해 압 구정을 찾던 개안한 오렌지족의 발길을 인위적으로 끊게 했다. 굳이 돌아서 압구정동을 찾을 필요가 없을 정도로 압 구정동은 이미 매력이 떨어진 것이다. 아직도 우리는 바 람 부는 날에는 압구정동에 가고 싶은가? 강북보이와 강남 보이로 유행의 물결이 분리되어 있다는 것도 옛말이다. 지 금 강북은 유행이 아니라 경제적으로 문화적으로 분리되어 있다. 이 분리가 어떤 결과를 가져올까 생각하면 막막해진다. 정치적 성향, 문화적 취향, 그러다 언어 습관까지 달라질 것이다. '강남 스타일'이 이제 굳어진 느낌이다. 어쨌든 1994년 성수대교의 붕괴로 압구정으로 향하는 강북의 길목이 차단되면서 홍대 앞 거리는 비로소 상업자본의 세례를 받게 된다. 압구정동으로 몰리던 돈의 일부가 홍대 앞으로 흘러들기 시작했다.

아무 일이 없을 때도
만났다

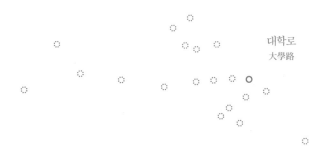

대학로
大學路

동숭동은 지금의 명륜동 일대인 숭교방崇橋坊 지역 동쪽에
위치한다. 그 이름도 조선 시대 숭교방의 '숭崇' 자와 동녘
'동東' 자를 각각 따서 붙여졌다. 풍수지리상으로는 서울의
좌청룡에 해당하는 낙산駱山이 바로 지척에 있다. 타낙산駝
駱山은 산의 모양이 낙타의 등과 같이 굽어 얻은 이름이다.
조선 명종 때 예언가 남사고南師古는 낙駱자를 파자하면 '말
馬이 각각各'이란 뜻이니, 동인이 서인에게 패해 뿔뿔이 흩
어지게 되었다고 했다. 결국 이름에 따라 한 사람도 아닌

거대한 학파가 몰락한다는 것이다. 아무리 좋게 보려 해도 터무니없다는 생각을 떨쳐 버릴 수가 없다. 동인과 서인이라는 당파는, 서로 대립한 심의겸과 김효원의 집이 각각 도성의 서쪽과 동쪽에 있어서 그렇게 불렸다. 굳이 동인과 낙산이 연결될 이유가 없다. 또, 당시 동인이 낙산 아래 모여 살았던 것도 아니다. 김효원이 살았던 곳은 건천동으로 지금의 인현동에 해당한다. 인현동은 풍수지리상으로도 낙산 줄기가 아니라 남산 줄기에서 영향을 받는다. 낙산과 전혀 상관없는 지역인 것이다. 그런데도 낙산의 이름을 파자하여 한 시대를 풍미했던 학파의 존망을 점치다니 아귀가 안 맞는 비약에 지나지 않는다. 아마도 한자 신비주의가 부른 해프닝이 아닌가 싶다. 그러나 낙산이 좀 박하게 생긴 건 틀림없다. 낙타의 위용보다는 낙타 등의 불편함으로 다가오긴 한다. 하지만 결코 위용이 떨어지는 산은 아니다. 단지 위용 있는 꼬마라는 것이 흠이라면 흠이다. 북악이 해발 342미터, 인왕이 338미터, 목멱이 262미터고, 낙산이 해발 125미터니 다른 산에 비해 낮다. 그렇지만 낙산마저 다른 산처럼 높았다면 서울이 좀 답답해 보였을 것도 같다. 낙산마저 높았다면 여름 평균 기온이 대충 1도 정도 높아지지 않았을까? 개인적으로는 낙산이 낙타 모양이 아니라 좌청룡의 입지에 어울리게 용의 등 벼슬 모양을 하고 있다고 생

각한다. 낙산이 용의 몸체라면 북악은 용의 머리에 해당한
다. 그러고 보면 용은 자신의 꼬리 쪽을 보고 있으니 매사
에 조심스럽고 신중한 상이다. 그래서 나는 궁궐터로는 경
복궁보다 창덕궁이 더 바른 자리라고 생각한다. 용의 몸이
꺾이는 품 안에 있으니 더 아늑하고 편안하다. 그래서 그런
지 나는 혜화동만 가면 (기질상 서울의 동쪽을 싫어하는데도) 편
안해진다. 모를 일이다.

인왕산 등성이도 그렇지만 낙산이나 남산의 산등성에
도 당시에는 집을 지을 수 없었다. 궁의 담장을 넘어 안을
들여다볼 수 있기 때문이었다. 우리가 지금 '대학로'라고 부
르는 혜화동 로터리에서 종로로 나가는 큰길은 70년대까지
만 하더라도 개천이었다. 마로니에 공원 한가운데 이 지역
의 과거를 보여주는, 당시 서울 대학교 문리대 교정의 모형
이 있지만 당시 서울대생들은 이 개천을 '센강'이라고 불렀
다. 지금 생각하면 좀 우습지만 당시에는 꽤 낭만적인 이름
이었나 보다. 하지만 지금은 개천이 복개되었고, 그 이름
말고는 당시를 상상할 방법이 없다. 어쩌다 우리는 이렇게
복개를 좋아하게 되었을까? 복개된 지형을 어림잡는 방법
은 간단하다. 길을 개천으로 상상하면 된다. 그러면 옛 동
숭동 풍경이 천천히 잡히면서 조금 구체적으로 보인다.

일단 이 일대는 높지 않은 낙산과 서울대 병원이 있

는 구릉으로 둘러싸인, 남쪽으로 터진 작은 분지를 이룬다. 그 분지 가운데로는 개천이 흐르고 낙산 아래로 옹기종기 작은 마을이 형성되어서 볕 잘 드는 환한 동네였을 것이다. 그 옛날 꽃피는 봄날의 동숭동은 마치 한 폭의 그림이지 않았을까? 그러다 일제강점기에 서울 대학교의 전신인 경성 제국 대학교가 들어섰다. 서울 대학교 건물은 건축가 박길룡이 설계한 것으로 초기 모더니즘 어휘들이 곳곳에서 보인다. 지금은 상당히 고답한 디자인이지만 유일하게 남아 있는 문예진흥원(구서울 대학교 본관) 건물만 보더라도 당시로서는 대단히 세련된 디자인이었을 것이다. 그 후 1975년에 서울 대학교가 관악산으로 이전하자 舊 문리대 일부는 대부분 민간 주택지로 불하되어 본관만 남기고 철거되었다. 그리고 당시 문예진흥원장의 제안으로 공원으로 바뀌면서 서울 대학교 자리는 '마로니에 공원'이라는 이름을 얻게 된다. 당시 서울대 교정에는 수령 50년 정도 된 마로니에 나무들이 많았는데 많은 사람으로부터 사랑받았기 때문에 공원 정비를 할 때도 이 나무들을 그대로 두었다. 그래서 공원 이름도 이 나무의 이름을 따와 마로니에 공원이라 했다.

그러나 당시 정치적 상황은 아름다운 공원의 모습처럼 행복한 것은 아니었다. 동숭동에서 공부한 마지막 세대인 황지우는 젊은 날을 이렇게 진술한다.

1971년 : 4월 대통령 선거. 5월에 재수하러 상경. 광화문
뒷골목에 진치고 날마다 탁구나 당구 치다.

1972년 : 대학 입학, 청량리 일대에서 하숙. 그해 여름, 어느날,
혼자, 몰래, 588에서 동정을 털고 약먹다. 약값을 친구들한테
뜯기도 하고 새 책을 팔기도 하다. 가을, 국회 의사당 앞, 탱크가
진주하고 학교 문 닫다. 새 헌법 선포되다. 추운 다다미방에서
겨울 내내 신음하다. 毒이 전신에 번지는 꿈에서 화다닥
깨어나기도 하고, 가끔 인천 방면으로 나가 서해 갯벌에서
高銀詩集 읽다.

1973년 : 둥숭둥 개나리꽃 소주병에 꽂고 우리의 緯度 위로 봄이
후딱 지나간 것을 추도하다. 가정교사 때려치우다. 이 집 저 집
떠돌아다니다. 여자를 만났다 헤어지고, 그때 홍표, 성복이,
석희, 도연이, 정환이, 철이, 형준이, 성인이와 놀다. 그들과
함께, 스메타나, '몰다우江' 쏟아지는 學林다방, 木계단에 오줌을
갈기거나, 지나가는 버스 세워놓고 욕지거리, 감자먹이기 등
發狂을 한다. 發精期, 그 긴 여름이 가다. 어디선가 머리카락 타는
냄새가 나고, 어디선가 바람이 다가오는 듯, 예감이 공기를 인
마로니에, 은행나무 숲 위로 새들이 먼저 아우성치며 파닥거리다.

그때 생을 어떤 사건, 어떤 우연, 어떤 소음에 떠맡기다. 그 활엽수 아래로 生이, 그 개 같은 生이, 최루탄과 화염병이 강림하던 순간, 그 계절의 城 떠나다. 친구들 '아침 이슬' '애국가' 부르며 차에 올라타다. 황금빛 잎들이 마저 평지에 지다.

(중략)

1975년 : 다시, 도연이 정환이 들어가다. 철이 석희한테 그런 편지 오다. 아직 '아무데도' 못 간 그들에게 면죄부 띄우다. "너희는 살아 남아라. 날마다 새로 태어나라." 8월 부친 사망, 관보받다. 그날 수첩에 '또 한 사람 荷役'이라고 쓰다. 그해 겨울 GOP 철책으로 들어가다. 저쪽의 가장 따뜻한 쪽을 맞댄 이쪽의 가장 추운 경계에서 겨울 지내다. 새벽 기슭에 서서 부은 눈으로 눈 덮인 산을 멍하게, 바라보다.

1976년 : 제대. 해군서 제대한 성복이와, 그해 가을, 신림동서 술마시며 죽치다. [歸巢의 새] 쓰다

1977년 : 다섯 번째로 만난 여자와 결혼하다. '무작정 살다.' 6개월 후 이 표류에 한 사람 더 동승하다. 딸 낳다. 그때 도연이 출감하다. 정환이, 해일이 출감하고 곧 동부전선으로 가다. [文學과知性] 겨울호에 성복이 '시인'으로 혼자 떨어져 나가고 석희, 군대에서 음毒 자살 기도하다.

1978년 : "날 먼저 죽이고 나가라, 이놈아." 어머니 울면서 말리다. 親동생 끝내 광화문으로 나가다. 통대 99%지지, 같은

사람을 9대 대통령으로 추대하다. 홍표 나와서 컴퓨터 회사

취직하다. 출판사에, 수입 오퍼상에, 섬유 수출업에, 하나씩 둘씩

들어가다. 더러 결혼도 하고 그런 때나 가끔 서로 얼굴 보다. 生,

지리멸렬해지다. 그 生의 먼 데서 여공들 해고되고 한 달에 한 번

대구로, 김해로 동생 면회가서 옷과 책 넣어 주다.

1979년 : 대통령 죽다. 그리고 어느 날, 문득, 멀리서, 모두,

한꺼번에 돌아오다.

———

황지우, 「활엽수림에서」, 『새들도 세상을 뜨는구나』,
문학과지성, 1983. 중에서

개나리꽃을 소주병에 꽂고 그 시절은 그렇게 암울하게

갔다. 그리고 80년대가 되면서 동숭동은 새로운 문화와 예술

의 거리로 변모한다. 물론 그 전에 문예회관이 김수근의 설

계로 이루어졌고, 공원을 마주 보는 이 건물은 이후 동숭동

일대의 전형으로 등장한다. 그러나 동숭동에서 가장 번성한

것은 연극도 아니고, 미술도 아닌, 상업 자본이었다. 자본주

의의 집요함에 대해서 함민복은 이렇게 말한다.

혜화동 대학로로 나와요 장미빛 인생 알아요 왜 학림다방 쪽
몰라요 그럼 어디 알아요 파랑새 극장 거기 말고 바탕골소극장
거기는 길바닥에서 기다려야 하니까 들어가서 기다릴 수 있는
곳 아 바로 그 앞 알파포스타칼라나 그 옆 버드하우스 몰라 그럼
대체 어딜 아는 거요 거 간판좀 보고 다니쇼 할 수 없지 그렇다면
오감도 위 옥스퍼드와 슈만과 클라라 사이 골목에 있는 소금창고
겨울나무로부터 봄 나무에로라는 카페 생긴 골목 그러니까
소리창고 쪽으로 샹베르샤유 스카이파크 밑 파리 크라상과 호프
시티 건너편요 또 모른다고 어떻게 다 몰라요 반체제인산가 그럼
지난번 만났던 성대 앞 포트폴리오 어디요 비어 시티 거긴 또
어떻게 알아 좋아요 그럼 비어 시티 OK 비어시티--

———

함민복, 「자본주의의 약속」, 「자본주의의 약속」,
세계사, 1983. 중에서

상업 자본의 간판이 대학로를 메운 것이다. 시에서 주
목할 것은 우리 특유의 지리적 습관을 보여준다는 것이다.
무슨 로, 무슨 길, 몇 번지로 표시되는 선적인 길 찾기가
아닌, 어디, 무엇을 기준으로 하는 점적인 길 찾기를 보여
주는 것이다. 그즈음에 김수근의 맥락을 깨고 대학로 주변
에 새로운 바람을 불러일으킨 건물이 조건영의 설계로 들

어선다. 'J&S빌딩'으로 불리는 샘터 건물 지나서 동숭아트
센터 들어가는 길모퉁이에 자리한 건물이 그것이다. 지금
은 외관이 많이 바뀌었지만 벽돌과 돌 외장 일색이던 대학
로에 철골과 거친 시멘트 뿜칠로 가로에 파격을 이루고 있
었다. 아마도 내가 대학로를 드나들던 무렵도 그때였던 것
같다. 또다시 '21세기 전망' 동인들과의 추억과 겹친다. 우
리는 강북에서 만날 때면 늘 대학로에서 만났다. 황지우 시
인의 시집 제목을 빌려 '겨울-나무로부터, 봄-나무에로'라
는 간판을 달고 있었던 대학로 카페는 압구정동에 있는 같
은 상호의 주인이 운영하는 곳이었다. 작은 홀이 있었던 카
페는 가파른 계단으로 1층과 2층이 연결되어 있었다. 우리
는 비교적 떼를 지어 앉을 수 있는 2층을 선호했다. 아니
숫제 점령했다는 편이 나을 것이다. 물론 거기에는 카페 주
인의 배려가 있었다. 우리는 돌아가며 시를 읽었고, 노래
도 불렀다. 그리고 함민복의 화려한 쌍절곤 절기를 처음으
로 구경한 곳도 그곳이었다. 시집이 나올 때도 만났고, 망
년회 때도 만났고, 아무 일이 없을 때도 만났다. 서로 돈도
없을 때였는데 어떻게 그렇게 자주 만나 술을 마셨는지 지
금 생각해보면 도무지 이해가 안 간다. 하루가 멀다고 만났
던 친구들이 하나둘 어디론가 가고, 들고 하면서 우리의 대
학로 시절도 같이 저물어 갔다. 그리고 J&S빌딩의 파격적

인 언어도 간판에 뒤덮이고, 재료도 바뀌면서 신선했던 처음의 충격도 사라져갔다. 생각해 보면 간판은 건물의 운명이라는 생각이 든다. 세월은 그렇게 가고 또 가기만 하는 걸까? 보스 스피커에서 라흐마니노프가 낮은 볼륨으로 흐르던 그 카페가 그대로 있는지 궁금하다.

스스로 저버린 것이다

청계천
清溪川

이것을 무엇이라 이름 지어 불러야 하나. 어느 시인의 말처럼 "당신?", 아니면 다시 "지금 이 시간의 이름은 무엇입니까?"라고 물어야 하나? 자연에는 예禮가 없다. 저 무심한 산봉우리와 흐르는 강물에 무슨 마음이 있다고 너와 나를 규정하는가. 그러나 산은 살아 있다. 물은 대지를 느끼며 유유히 흐르고, 터는 그곳에 사는 사람을 알아본다. 그렇다면 저 살아 있는 땅은 누가 일으켜 그 마음을 드러내는가? 나는 건축에서 그것을 고민했다. 내가 설계할 집의 빈터를 바라보며 무심한 땅의 마음을 만지려고 했다. 아마 내가 풍수학을 찾게 된 것이 그즈음이리라. 어차피 나는 서구 건축을 하고 있었으므로 순수한 건축 담론만으로 땅의 마음을 읽는다는 게 처음부터 불가능했다. 건축의 한계를 벗어나기 위해 책을 뒤적이던 중 최창조 교수가 쓴 『한국의 자생풍수』를 만났다. 거기에서 나는, 내가 가닿기 위해 부단히 애썼던 땅의 마음이 이미 내재해 있을지 모른다는 가설을 세우기 시작했다. 그리고 땅에 그 마음의 이름을 지어 불렀다. 그러자 땅은 이야기가 되었다. 불이라면 불로, 물이라면 물로……. 문득 그게 내 문학의 본질과 그리 멀지 않음을 알게 되었다. 문학이 삶의 이름이라면 풍수는 자연의 이름이었다. 최창조 교수가 말하는 자생풍수의 본질이 비보적 역할에 있다면, 우리 전통 건축의 본질 역시 결핍된 자연(최창조 교수 말대로라면 '땅의 허함')을 충족시키는 데 있다. 결국 풍수에 있어 형국론 또한 여러 이름 중 하나로 불리고 그 이름이야말로 우리 마음속에서, 우리가 사는 터전이 요구하는 가장 절실한 문제를 해결하기 위한 방편이 아니겠는가. 그것이야말로 인문과 과학을 통합하는 총체적 지식이고, 삶과 사유의 일치를 꾀하는 태도라고 믿는다. 동양의 지식은 가설이 아니라 태도의 문제이기 때문이다.

청계천은 풍수지리상 명당수에 해당한다. 과연 그렇다 싶은 생각이 절로 들 정도로 완벽한 명당수다. 주산인 북악산과 좌청룡인 낙산, 우백호인 인왕산을 두고 남산을 건너 유유히 흐르는 한강이 서울을 보듬고 있는 넉넉한 품이라면, 청계천은 어머니 품에 안긴 아기를 위한 젖줄이다. 세계 전역에서 강을 어머니라 비유하고, 인도인은 갠지스를 '어머니의 강'이라고 부르는 걸 보면 풍수 개념이 우리만의 독특한 풍토에서 나온 산물만은 아니라는 생각이 든다. 풍수지리 자체가 자연과학과 인문, 지리를 포괄한 학문이니 이러한 보편성은 오히려 당연하게 여겨진다.

우리나라는 물론 전 세계 대도시는 모두 강을 끼고 있다. 문명 자체가 강 유역에서 발원되었음을 상기해도 풍수지리가 지닌 입지로서 강의 역할은 생태계에 필수적인 생존 조건이라는 걸 쉬이 알 수 있다. 청계천은 북악과 인왕, 남산 등에서 여러 줄기로 발원하여 서울 도심을 관통하다가 마장동에서 정릉천과 합류하고, 뚝섬 부근에서 한강으로 흘러든다. 한강이 서울의 외수로서 도시에 필요한 물을 공급하고 있다면 청계천은 도시 내에서 발생한 생활하수들을 바깥쪽으로 빼내는, 일종의 정화 장치를 겸한 하수 역할을 한다. 그런 의미에서 풍수지리에서 말하는 내수의 중요성은 현대 도시계획에서 말하는 도시 인프라의 중요한 흐름을 형성한다. 내수가 맑아야 도시가 맑고 깨끗해진다는 풍수 논리는 오늘과 같은 생활하수로 인한 자연 생태계의 오염 문제가 과거에도 있었다는 의미다.

신라의 수도 경주를 두고 "집집마다 숯으로 밥을 해서 도성 안에는 연기가 나지 않았다."라고 말하는 것은 당시 신라가 번성했다는 의미인 동시에 자연 생태계를 위협하는 인간의 무절제한 행위가 과거에도 있었음을 반증한다. 무분별한 남벌의 흔적은 오늘날 경주 남산의 생태계에도 그대로 남아 그 파장을 증명한다. 인간이 도시를 이루고 살아야 하는 사회적 동물이라는 사실이 자연 훼손을 되풀이해 왔던 것이다. 그러니 '근대화'라는 말이 서양의 사회 변동과 반드시 일치하지 않는 우리네 사정으로 보면 그냥 '도시화'라는 말이 더 적합하다. 그런 '도시화'는 비단 20세기 후반에 일어난 일이 아니라 전 시대를 걸쳐 꾸준히 일어났던 현상이라고 보는 것이 옳을 것이다.

청계천은 서울이 조선의 수도로 정해진 이래 도시화 과정에서 온몸으로 폐해를 겪었다. 인간의 끊임없는 도시화 추진은 지금뿐만이 아니라 조선 시대에도, 그 이전에도 이어진 하나의 기호라고 말해도 과언이 아니다. 원래 청계천이라는 이름은 일본인이 우리 땅이름을 죄다 흔들어 놓을 때 새로 만든 말이다. 이전에는 그냥 '개천'이라 불렸다. 예부터 개천은 하천과 구분해 썼다. 하천이 자연 그대로 물줄기를 뜻한다면 개천은 흐름을 인위적으로 조작해 정비한 하천을 말한다. 이는 굉장히 중요한 차이를 의미하는데, 서양의 도시계획이 수성守成의 목적으로 시작되었다면 우리 도시계획은 철저히 삶에서 기인한다. 풍수지리가 고려의 정치이념을 구현하는 행정의 가치체계를 상징한다고 볼 때, 우리 도시계획과 그것을 이루는 인프라에 대한 정비는 이미 고려 이전부터 시작되었다고 해도 무방하다. 서양의 하수 체계가 르네상스 이후라고 할 때 서양과 우리가 보는 도시에 대한 시각이 얼마나 큰 차이인지 쉽게 알 수 있다. 그래서 나중에 서양의 도시계획은 인위적으로 인프라를 만들어내지만 우리는 자연의 인프라를 도시의 목적에 맞게 다듬은 것을 개천이라고 부르게 된다.

●   어전 회의에서 풍수 논쟁

그러나 도시 인구가 많아지고, 그에 따라 생활하수도 늘어나면서 청계천은 자체 정화 기능을 상회하는 폐수로 몸살을 잃는다. 그로 인한 논쟁이 『조선왕조실록』에 자세히 기술되어 있는데 아주 흥미롭다. 세종 26년 당시 집현전 수찬으로 있던 이선로가 청계천에 대해

> 근자에 성안 개천에다가 냄새나고 더러운 물건을 버리는 일이
>
> 잦아 개천 물이 몹시 더러워졌는데, 그런 쓰레기를 버리는 일을
>
> 금지시켜 명당수를 청정케 하라

라고 주청하였다. 이런 제안에 대해서 세종은 일리 있다고 보고 이를 조정 회의에서 거론하게 하였다. 이때 어떤 정치적인 견제가 작용했는지 모르지만 지금으로 보면 매우 당연한 문제 제기를 고깝게 생각하는 사람이 의외로 많았다. 그 고까움은 풍수지리에 대한 공격으로 나온다. 즉, 집현전 교리 어효첨을 위시한 반대론자의 의견은, 수많은 사람이 거주하는 도성의 명당수는 어차피 더럽혀질 수밖에 없다는 것이다. 그런데 어찌 풍수와 같은 믿기 어려운 이론을 쫓아 그러잖아도 삶에 지친 백성에게 쓸데없는 노역을 부과하려 하는가, 였다. 당시 대신들의 이러한 의견은 지금 우리로서는 금방 이해가 가지 않는다. 그러나 여기에

는 왕권을 견제하려는 관료들이 풍수지리를 옹호하는 세
종의 입장을 빌미로 삼았다는 인상이 강하게 풍긴다. 어효
첨은 유학을 기반으로 한 조선의 정치이념에 투철했던 당
대의 대유大儒였다. 청계천 오염에 대한 이러한 반대는 지
금 생각하면 적절한 것은 아니었지만, 비단 단순한 정치적
견제만은 아니었다. 그는 철저한 유학자로서 조선의 정치
이념에 충실했다. 결국 청계천에 대한 논의는 왕권과 대부,
그리고 그들 쌍방의 이익을 상징하는 풍수와 유학의 대립
이었다. 어효첨의 강력한 반대에 부딪힌 세종도 그런 생각
을 한듯하여 어효첨이 과연 자신의 말처럼 풍수지리를 삿
된 학문으로 보는가 내사를 하였지만 놀랍게도(조선의 사대
부들은 입으로는 성리학을 말하지만 실제 생활에서는 명당을 찾고,
귀신을 모시는 일도 마다하지 않았다) 아무런 허물을 발견하지
못 하였고, 실제로 어효첨이 성종 6년에 죽자 그의 아들 어
세겸魚世謙과 어세공魚世恭은 아버지의 유지를 따라 광나루
머리에 장사지냈다. 풍수지리에 따라 지관으로 하여금 명
당을 찾아 묘지를 쓰는 관습을 배척했던 것이다. 이선로의
주장은 옳았고, 세종의 내사는 정당했고, 어효첨은 학자적
양심과 생활의 태도에 어그러짐이 없었다. 다 멋있다.

청계천은 태종 때부터 치수 사업의 주 대상이었다. 여름철이면 유량이 늘어나 부근 민가가 침수되기 일쑤였고, 세종 이전부터 폐수 문제가 심각했던지 태종 즉위 11년(1411)에 개거도감을 두어, 이듬해부터 도랑을 넓히는 작업이 약 1년 동안 진행되었다. 그 후 영조 때도 준설 공사가 있었고, 양안 석축 공사도 있었다. 이때 공사 기록이 지금 수표교 기둥에 '경진지평庚辰地平'의 넉 자로 새겨져 있다. 어효첨과 이선로의 청계천 논의 이후 청계천은 정치적 논의의 상징이 된듯하다. 왜냐하면 세종 이후로 청계천 치수 사업은 그리 원활하지 못했고, 영조 때 와서야 대대적인 치수 관계가 이루어진다. 영조 49년 양안 석축 공사에서 상석床石의 사용과 유로를 변경하는 공사는 영조의 삼대 치적으로 꼽힐 정도로 그 규모에 있어서 괄목할 만했다. 홍수 때 잦은 범람을 개선하기 위해 1760년에 준천사濬川司를 세우고, 수만금을 출연하여 인부를 사서 흙을 파내는 대역사를 진행했고, 1773년 6월에는 개천의 양변을 돌로 쌓아 흙이 내려가지 않도록 하였다. 청계천에 대한 치수 사업은 대한제국 시기까지 계속되었다.

그러다 1958년, 복개 공사가 시작되면서 청계천은 실질적인 서울의 명당수로서 생명을 다하게 된다. 수표교를 장충단 공원으로 옮겨 놓고 복개 공사는 시작되었다. 이미 더러워질 대로 더러워진 청계천을 덮어버리면 미관상에도 좋고 주변 판자촌을 현대화할 수 있고, 복개한 만큼 땅도 넓어져, 대지와 도로로 쓸 수 있다는 명분이었다. 박태원 소설 『천변풍경』에는 아직 복개되기 전 청계천에 대한 묘사가 나온다.

정이월에 대독 터진다는 말이 있다. 딴은, 간간히 부는 천변 바람이 제법 쌀쌀하기는 하다. 그래도 이곳, 빨래터에는, 대낮에 볕도 잘 들어, 물 속에 잠근 빨래꾼들의 손도 과히들 시립지는 않은 모양이다.

곧이어 청계천이 복개된다는 소식이 퍼지고 소설 속 한 인물은 이렇게 되뇐다.

"그것, 다 괜은 소리… 덮긴, 말이 그렇지, 이 넓은 개천을 그래 무슨 수루 덮는단 말이유? 온, 참…"

이때 다시 한번 청계천을 놓고 풍수 논의가 벌어진다. 당시 명지관으로 이름이 높았던 지창룡은 동대문에서 을지로 6가 사이에 놓여 있는 나무다리 오간수교五間水橋를 두고 풍수론을 펴나갔다. 즉, 오간수교는 한양 땅을 명당으로 받드는 중요한 다리이며 동시에 이곳은 명당수明堂水가 나가는 파구破口라는 게 주요한 논지였다.

지창룡의 논지에 따르면 청계천은 공사를 해도 한 군주 대에 끝나는 게 아니라, 물의 흐름이 시작과 중간과 끝이 있는 것처럼, 공사를 시작하는 군주와 공사를 진행하는 군주, 그리고 공사를 마무리하는 군주 등 3대에 걸쳐 해야할 공사라는 것이었다. 실제로 이 공사는 이승만, 장면, 박정희 정권 3대에 걸쳐 진행되었다. 청계천은 끝내 땅속으로 묻히면서 도시의 랜드마크로서 시민들의 기억에서도 사라진다.

당시 지창룡이 청와대에 보낸 편지에는 명당수가 사라지게 되면 국가와 민족, 또는 각하에게 무슨 변고가 생길지 모르니 비록 풍수쟁이의 말이지만 귀담아 달라는 글을 올렸다. 그래서 그런지 아니면 당연히 올 게 와서 그랬는지 공사를 시작하고 1960년 3월에는 3·15 부정 선거 시비가 일어났다. 이어서 4·19 학생 혁명이 났다. 그리고 자유당의 뒤를 이어 공사를 시행했던 새 정부의 수반 역시 부당하게

군부에 의해 밀려나고 그렇게 정권을 잡은 군부 지도자마
저 부하의 손에 비명에 갔다.

회색 하늘의 단단한 베니아판 속에는
지나간 날의 자유의 숨결이 무늬져 있다.
그리고 그 아래 청계천엔
내 허망의 밑바닥이 지하 도로처럼 펼쳐져 있다.
내가 밥 먹고 사는 사무실과
헌책방들과 뒷골목의 밥집과 술집,
낡은 기억들이 고장난 엔진처럼 털털거리는 이 거리
내 온 하루를 꿰고 있는 의식의 카타콤.

꿈의 쓰레기더미에 파묻혀,
돼지처럼 살찐 권태 속에 뒹굴며
언제나 내가 돌고 있는 이 원심점,
때때로 튕겨져 나갔다가 다시
튕겨져 들어와 돌고 있는 원심점,
그것은 슬픔

최승자, 「청계천 엘레지」, 『이 時代의 사랑』,
문학과지성사, 1981.

그런 영욕을 안은 채 묵묵히 땅속을 흐르는 청계천이 현대인의 가슴에, 과거 빨래하고 미꾸라지를 잡던 추억의 청계천보다 더 깊숙이 자리 잡은 것은 1970년 11월부터였다. 청계피복노조의 탄생을 가져왔으며 한국 민주화 운동의 도화선을 이룬 사건. 그 이름 석 자 전태일. 청계천은 전태일의 몸을 사르던 불꽃에 의해 다시 태어났다고 해도 좋다. 비록 그 물은 가스 폭발이 일어날 정도로 이미 썩은 점액질이 되었지만 청계천과 한국 노동운동과 전태일의 이름으로 다시 민주화 운동의 강물로 사람들 마음속에 흐르기 시작했다. 한 청년의 순수한 열정에 의해 새로운 명당수를, 다시는 그 누구도 파묻지 못 할 강물이 흐르게 된 것이다.

● 청계천 복원의 전제

그리고 청계천은 복원되었다. 그러나 그것은 청계천을 덮고 있던 콘크리트를 아래로 내린 것뿐이다. 그리고 그 위에 수돗물을 흘려보내고 있는 게 지금의 청계천 모습이다. 그러니까 청계천은 다시 복개된 셈이다. 청계천 복원은 경복궁 복원과는 또 다른 문제였다. 경복궁 복원이 다분히 정치적이라면, 청계천 복원은 반드시 친환경적으로 이루어져야 했다. 적어도 정치적으로 이용되어서는 안 된다는 것, 이것이 청계천 복원의 대전제가 되어야 했다. 서울시가 청계천 복원 공사 기간을 교통 통제가 이루어지는 2년으로 잡고 있었던 것으로 미루어 처음부터 서울시는 청계천을 생태하천으로 만들려는 생각은 없었던 것 같다. 청계천 복원은 단순히 복개된 콘크리트 더미를 걷어내고(더군다나 지금은 다시 덮어버렸다) 거기에 풀과 나무를 자라게 한다고 되는 게 아니기 때문이다. 많은 사람이 청계천을 복원한 후의 화려한 청사진을 제시했다. 지금 그와 비슷한 모습이 되긴 했지만, 그 청사진이 어떤 것이든 그렇게 하기 위해서는 그전에 십수 년이 필요하다는 걸 우리는 간과하고 있다. 일단, 청계천으로 흘러드는 생활하수를 어떻게 정리 할 것인가 하는 문제 만해도 대단히 복잡한 문제고, 청계천 지류도 지금은 전부 복개된 상태인데, 지류가 정비되어 있지 않은 상태에서 청계천이 깨끗하길 바란다는 건 어불성설이다. 그러니까 청계천 복원 문제는 단순히 교통 문제를 어떻게 해결하느냐에 있지 않다. 오히려 청계천 교통 문제는 청계천 지류의 복원 문제와, 생활하수 문제에 비하면 문제도 아니다. 더군다나 생활하수 문제는 하수 지도가 제대로 그려지지 않은 상태에서는 더욱 난감할 뿐이다. 서울시 전체적인 생활하수 지도가 그려져야 한다는 것과 청계천 지류도 필요한 것들은 복원해야 한다는 것. 이것이 청계천 복원의 또 다른 전제였다.

●   새롭게 복개된 청계천

1958년, 완전히 복개되었던 청계천이 근 60년 만에 지상에 그 모습을 드러냈다. 2002년 생태환경의 회복이란 명분을 내걸고 3천900억 원을 들여 공사에 들어간 지 2년 3개월 만에 이루어진 결과였다.

　과연 청계천은 지하에서 지상으로, 서울의 내명당수로서의 의미를 되찾은 것일까? 정말 서울 도심을 흐르는 개천으로서의 생태적 역할을 담당하게끔 복원된 것일까? 실망스럽게도 청계천은 복개된 상태 그대로다. 지금 흐르고 있는 청계천은 복원된 청계천이 아니라 새로 만들어진 인공하천이고, 그 옛날 청계천은 거듭 복개된 채 여전히 새로운 청계천의 밑에서 흐르고 있다.

원래 청계천은 서울 서북쪽에 위치한 인왕산과 북악의 남쪽 기슭, 남산의 북쪽 기슭에서 발원하여 서울의 도심인 광교 근처에서 만나 서에서 동으로 흐르는 연장 10.92km의 도심 하천이다. 〈인왕제색도〉를 그린 정선의 패트론인 김창집, 김창협, 김창흡 형제가 주축이 된 모임인 소위 '청풍사단'의 본거지인 인왕산의 청풍계가 곧 청계천 발원지다. 서울은 원래 이 청계천을 중심으로 크고 작은 실개천이 헤아릴 수 없이 많았다. 지금 광화문에서 자하문 쪽으로 넘어가는 큰 도로도 개천이었고, 사간동 길도 개천이었다. 지금도 그 복개된 흔적을 볼 수 있는데 광화문에서 부암동으로 넘어가는 길가에 심긴 가로수를 보면 한쪽은 가로수들이 굵직하게 자라 있지만 한쪽은 생장이 좋지 못한 것이 금세 구별된다. 그 이유가 바로 한쪽 가로수 밑에 개천을 복개한 콘크리트가 있기 때문이다. 청계천은 이런 크고 작은 서울의 실개천이 모여 중랑천으로 빠져 한강으로 유입되는 도심의 중추를 이루는 중요한 생태하천이었다. 그것은 그대로 도심의 물길이었고, 바람길이었다. 풍수지리에서 바람은 물길을 거슬러 분다.

그러나 청계천은 세종 때부터 이미 늘어난 인구로 인해 집집에서 버려지는 생활하수가 모여드는 하수도로 전락했다. 그 오염이 심각해 『세종실록』에는 이현로(李賢老. 초명은 이선로李善老다.) 등이 청계천에 대하여 "근자에 성안 개천에다가 냄새나고 더러운 물건을 버리는 일이 잦아 개천 물이 몹시 더러워졌는데, 그런 쓰레기를 버리는 일을 금지해 명당수를 청정케 하라"고 주청했다고 기록돼 있다. 더군다나 임진과 병자 양란으로 인해 서울 인근 산림이 황폐해지면서 빗물에 유실된 토사들이 청계천에 쌓이자 영조는 1760년 2월 20만 인원을 동원해 청계천을 정비하기로 마음먹는다. 하천을 준설하는 동시에 수로를 직선으로 변경하고 양안에 석축을 쌓는 57일간의 대역사는 이후에도 2~3년마다 한 번씩 일정하게 실시되어 1908년까지 계속된다. 그러니까 영조 이후 청계천은 하천이 아닌 개천이 된다.

2002년, 청계천을 생태하천으로 복원한다는 이명박 서울시장의 말은 처음부터 여러 문제를 안고 있었다. 생태하천으로 복원한다는 말이 자연스러운 하천의 상태로 복원한다는 것인지, 아니면 개천 상태로 복원한다는 것인지 혼란스러웠다. 결국 서울시가 제시한 청사진은 생태하천이라는 말이 민망할 정도로 미흡했다. 단적으로 이명박 시장 이하 행정 담당자 머릿속에는 처음부터 생태하천이란 개념이 없었다고 볼 수 있다. 또 생태하천이 무엇을 의미하는지도 관심 없었다. 그들은 그저 삼일 고가도로를 없애고 청계천을 덮고 있던 콘크리트 더미를 거두어 내는 해체에 골몰했다. 그들은 그걸 생태로 착각했다. 생태라는 선전 문구를 앞세웠지만, 그들은 여전히 자신들이 해체한 삼일고가 도로의 건설 주역이던 개발 독재의 버릇을 그대로 답습하고 있었던 것이다. 청계천 복원 사업은 도심개발의 원칙을 어긴 채 거꾸로 일을 시행했다. 사업 추진의 용이함을 위해 하천 주변을 정비하고 복원하는 게 아닌, 먼저 하천을 복원하고 나중에야 하천 주변을 개발하는 앞뒤가 바뀐 계획을 강행한 것이다.

따라서 맑은 날이나 비가 오는 날 하수를 모아 중랑천 하류에 위치한 하수 처리장으로 보내고 청계천에는 상류에서 모인 자연수만을 흐르게 하는 청계천 기본 구상은 하천 주변이 정비되지 않은 상태에서는 불가능한 일이었다. 청계천이 물고기와 수생 식물의 서식지가 되려면 우선 청계천으로 유입되는 모든 구간, 즉 인왕산과 남산, 그리고 광화문과 시청 앞에서 종로와 퇴계로, 마장교 구간에 이르는 강북 도심의 대부분의 하수 도망을 재정비하고 난 후에야 청계천을 복원해야 했다. 그러나 청계천을 먼저 복원하고 난 후 수질을 개선할 방법이 없어지자 서울시는 개발독재 시절 무대포 발상을 다시 적용하기에 이른다.

청계천을 그대로 두고 그 위에 다시 새로운 청계천을

만든다는 것이 그 발상이었다. 그렇게 해서 완성한 게 오늘날 청계천이다. 그러니까 지금 청계천으로 흐르는 깊이 40cm의 물밑으로는 차수막으로 차단된 원래의 오염된 청계천 물이 그대로 흐르고 있다. 서울시는 원래의 청계천을 다시 새로운 하천으로 덮어버렸다.

●   청계천 복원 비용과 재개발 사업의 이익

서울시는 왜 이런 어처구니없는 군대식 발상을 감행하면서까지 청계천 복원 사업에 열을 올렸을까? 단순히 선거 공약을 지키기 위해서라고 생각하기에는 너무나 막대한 비용이 들었고, 앞으로 들어갈 유지비용도 어마어마하다. 사업을 거꾸로 시행하다 보니 당연히 수질 개선이 어렵고, 서울시는 이를 극복하기 위해 자양 취수장과 뚝섬 정수장에서 각각 모터 펌프 4대와 대형 변압기를 일 년 내내 가동해 한강의 물을 청계천으로 퍼 나르는 방법을 택했다(그래서 복원한 청계천을 두고 하천이 아닌 '누워 있는 분수'니, '긴 어항'이니 하는 비난을 받는 것이다). 물 12만 톤을 24시간 내내 양수기로 퍼올리는 비용도 하루 기준 전기료 240만 원, 전기료 인건비 등을 포함한 유지비만 연간 18억 원 이상 든다. 이때 전기는

우라늄과 석탄, 석유, 천연가스 등 화석연료를 이용하여 만들어진다. 이러한 화석연료 사용이 지구환경에 끼칠 영향은 차지하고라도 청계천은 유지하는 데만 연간 70억 원이나 되는 큰돈이 들게 생겼다.

그러나 막대한 경비는 더 막대한 이익을 낳는다. 을지로 재개발 계획에서 정부는 세운상가를 중심으로 종묘와 남산을 잇는 녹지 축을 조성해 청계천 수변과 녹지가 어우러진 도심을 형성하겠다고 발표했다. 2005년 국제 현상공모를 통해 이미 당선안을 낸 상태에서 청계천 복원은 또 다른 의미를 지닌다. 서울시는 이 일대에 주상복합 시설과 오피스빌딩, 방송국 등이 들어선 일본 도쿄의 '롯폰기'처럼 개발하는 걸 구상했다. 그렇다면 청계천은 단순한 복원이 아니고, 삼일고가도로의 철거는 순수하게 청계천 복원을 위해 철거한 것이 아니라는 설명이 가능하다.

청계천 일대 재개발로 인한 이익은 상상을 초월한다. 1970년대 후반 이후 청계천 주변은 서울 중심에 있으면서도 고도 제한에 묶여 정체돼 있었다. 하지만 청계천 복원 사업을 진행하면서 주변에 주상복합 빌딩을 짓겠단 계획이 점차 가시화됐다. 을지로2가는 세운상가와 회현동 일대와 더불어 사업성이 가장 뛰어난 지역이고, 구역 전체가 다 개발되지 못한다는 점을 고려하더라도 청계천 주변 재개발

이익은 수조 원에 이른다. 심지어 청계천 복원 공사는 고도 제한을 풀어서 고층빌딩을 만들기 위한 조경 공사에 불과하다는 주장이 제기되는 실정이다. 이렇게 되면 애당초 이명박 시장은 청계천 생태에 대해 아무 관심 없었던 게 되고 만다. 특히 청계천은 조선 시대 한양의 하수도로 당시 생활상에 대한 정치적 연구가 이루어질 수 있었던 중요한 유적지다. 그러나 서울시는 형식적인 발굴 조사만 시행했고, 심지어 서울시가 공사 중에 광통교 교각을 훼손한 것이 문제시되자 이명박 시장은 "돌덩이 하나로 웬 호들갑이냐"라고 문화유적에 대한 무지를 드러냈다. 많은 환경단체와 시민단체에서 수도 없이 비판과 건의를 했지만, 서울시는 예정대로 초고속으로 청계천 복원을 단행했다. 이해 당사자와 시민 사회의 의견을 충분히 수렴하지 못함으로써 성숙한 공공경영의 모범을 만들 기회를 스스로 저버린 것이다.

복원된 청계천에는 생물 서식처 복원을 위해 각종 수생식물을 식재하고, 저수 호안공 등을 설치했다. 그러나 수생식물의 특성과 생태, 그리고 각종 서식환경 조성공법에 대한 홍수 때 거동 특성, 수리적인 안정성에 대한 검토는 그런데도 불충분한 상태다. 특히 청계천 상류와 중하류의 생태계가 이번 복원으로 완전히 차단된 점은 두고두고 문제 삼을 만하다. 복원 전에도 청계천의 생태 교류는 그리

활발하지 못했던 것으로 알고 있었지만 이번 복원으로 인해 이제는 그 가능성마저 완전히 단절돼버렸다.

한때, 청계천에는 루미나리에라는 빛 축제가 벌어지곤 했다. 나는 청계천을 거닐며 루미나리에라고 하는 저 국적 불명의 조명 장식도 이상하고, 물가에 쌓아둔 왜식 조경석 쌓기도 내내 걸렸다. 그러다가 그럼 일본식이면 어떻고 영국식이면 나은가, 라고 자조했지만 우리는 항상 왜 여기까지만 하나라는 생각을 지울 수 없었다. 언제나 시작은 좋지만, 항상 일방적인 선을 타고 다양한 의견을 수렴하는 과정은 또 훌쩍 넘어가 버린다. 이제라도 이해 당사자와 시민사회의 의견을 충분히 수렴하여 청계천을 프로그램화하는 창구가 열려야 한다. 왜냐하면 청계천은 끝난 게 아니라 계속 얘기해야 하는 미래이기 때문이다.

서울은 북악산이나 인왕산에서 청계천 남쪽으로 흐르는 크고 작은 개천으로 이루어진 도시다. 청계천이라는 이름도 인왕산 청풍 계곡에서 발원하는 개천이란 뜻에서 그렇게 불렸다. 그 실개천을 얼핏 살펴봐도 지금 우리 눈에는 전혀 의외인 곳이 많다. 광화문에서 자하문 터널로 넘어가는 추사로도 개천이었고, 지금은 흔적도 없지만, 이 개천에서 빠져나간 또 다른 줄기가 경복궁 흥례문과 광화문 사이를 흘렀다. 또 경복궁 동쪽 문인 건춘문 앞의 사간동 길도 개천이었고, 낙원상가도 개천이었다. 아마도 이 개천을 모두 복원한다면 서울에는 수많은 작은 다리가 생길 것이고 서울의 또 다른 풍경이 되어 줄 것이다.

그래서 청계천 복원 문제는 단순히 관 뚜껑을 열듯이 이루어져서도 안 됐고, 더군다나 열어 놓고 처치 곤란하다고 다시 콘크리트로 덮어버렸다는 건 상식 이하다. 죽은 개천을 살리는 작업이 이루어지고, 어디에 묻어 있는지 모르는 서울 하수도가 정비되고 난 다음에 청계천을 열어야 했다. 복잡한 문제고, 긴 시간이 요구되는 중대 사안이며, 어쩌면 지금까지 서울의 도시계획에서 발생한 오류를 바로잡을 유일한 기회였을지도 모른다. 더욱이 우리는 우리의 후손들이 청계천을 다시 살릴 기회마저 빼앗은 꼴이 되어버렸다.

다시 복개된 청계천을 거닐며 생각한다. 잔뜩 옷감을 싣고 수레를 밀고 지나가는 사람들, 황학동 시장을 빠져나오는 행인, 고가도로 밑에 즐비한 공구 상점, 청계천을 다시 복원하자는 말들, 나는 이미 지나간 그 풍경에 대해서 곰곰이 생각한다. 콘크리트 바닥 위를 흐르는 저 수돗물에서 자라는 풀들, 나무들은 그래도 예쁘기만 하구나.

오늘도 서울에서는

자본만이 풍경이 되어

모두를 전생으로 만든다

때때로 많은 것을 허물었지만

그곳에는 언제나 사람이 있었다

이파리 하나하나에
걸려 있어

삼청동
三淸洞

가을이다. 성하의 나무들이 녹음을 벗어버리고 쇠락의 시간을 준비하는 계절이다. 바람에 흔들리는 나뭇가지를 볼 때마다 나는 생각한다. 저들은 어떻게 움직이지 않으면서도 모든 것을 가능하게 만들까? 인간이 꿈꾸던 이동에 대한 환상이라는 것도 결국은 조금 움직여 모든 것을 가까이에 가져오는 게 아니겠는가? 그렇다면 나무야말로 가장 진화한 개체라는 생각을 해본다. 또 나무의 늙음은 얼마나 아름다운가? 인간의 늙음도 저렇게 아름다울 수 있을까? 서향

빛을 받아 붉게 물든 나무를 보며 생각한다. 푸른 잎이거나 붉은 잎이거나 나무들은 서로 다른 그림자를 동시에 지녔다. 하나는 땅에 드리우는 그림자고, 다른 하나는 빛을 받고 서 있는 나뭇잎에 드리워지는 빛 그림자이다. 물그림자가 보여주는 황홀처럼 나무의 투명한 빛 그림자도 그 세세한 잎맥이 다 보일 정도로 아름답다. 가을이 아름다운 것은 나무 때문이다. 빛과 나무. 나는 이 둘 때문에 가을을 사랑한다. 더군다나 그 아름다움은 쇠락의 것이기 때문에 더 그렇다. 저렇게 아름답게 쇠락할 수 있다면 나의 늙음도 오래 바라볼 만한 것이지 않겠는가?

봄은 슬프고, 가을은 아름답다. 봄이 지닌 아름다움은 슬프고, 가을이 두드리는 슬픔은 아름답다. 우리가 가을이 아니라면 언제 이렇게 사물을 오래도록 바라볼 수 있겠는가? 가을은 사람들이 무엇이든 오래 바라보게 만든다. 길에 버려진 나뭇잎 하나, 벽을 타고 오르는 담쟁이 이파리 하나, 작은 돌멩이 하나, 건물의 모서리 하나, 앞에서 걸어오는 사람들의 표정 하나까지, 가을은 우리에게 슬픈 목소리 하나, 하나, 자세히 바라보게 만든다. 그래서 가을은 어두운 방에서 거리로 우리를 데리고 나간다. 가을의 거리는 다 아름답다. 여름 동안 거리에 짙은 그늘을 만들어 주던 나무들이 가을에는 스스로 아름다워진다. 따가운 여름 햇

살을 피해 가로수 그늘 밑에서 건널목의 신호를 기다리던 사람들이 가을에는 그늘 위쪽을 바라본다. 거기에서 우리들은 깊은 아름다움을 발견하며 시간이 이제 다했다는 것을 느낀다. 아름답게, 아름답게, 시간이라는 계절이 가고 있는 것이다.

이 가을에 내 발걸음을 이끄는 곳. 고궁의 고즈넉함도 좋지만 사람 냄새가 좋은 나에게는 가고 싶은 곳이 따로 있다. 북적이는 시장통도 아니고, 숲이 좋은 공원도 아니다. 동십자각에서 경복궁 건춘문을 지나 총리 공관 쪽으로 길을 잡으면 시작되는 삼청동이 바로 그곳이다. 이 길에는 어마어마한 나무도 없고, 눈에 띄는 건물도 없다. 도로도 작고 집들도 작다. 이 거리에 오면 평소 익숙했던 도시의 스케일이 급격하게 축소된다. 여기에는 모든 것이 작다. 집마다 창문도 작고 건물의 높이도 나지막하다. 처마가 겨우 머리 위에서 닿을락 말락 하는 집도 있고, 좁고 짧은 계단도 정겹다. 아주 오래된 동네가 주는 시간의 흔적도 그대로 집의 재료에 배어 있다. 벽돌을 차곡차곡 쌓다가 나중에 양철로 덧댄 벽들, 여러 번 덧칠한 페인트 자국, 오래된 문짝에 새로 장식한 반짝이는 손잡이, 집마다 같은 모습이 없을 정도로 다양하면서도 절묘하게 조화를 이룬다. 그래서 삼청동은 다채롭다. 무엇이 그 다양한 복잡함을 다채롭게 만드는 것일까? 그건 이 거리만이 지닌 '작음의 미학' 때문이다. 그리고 우리는 이 '작음의 미학'을 어디선가 분명히 봤다. 어디서 보았을까? 조선 시대의 집들을 둘러본 경험이 있는 사람이라면 한 번쯤 문고리를 잡고 방문을 열어본 적이 있을 것이다. 그리고 그 방이 무척 작다는 사실에 놀랐던 경험이 있을 것이다. 침대 생활을 하는 지금 우리의 생활 방식으로는 도저히 이해가 가지 않는 크기. 그 작음은 사실 집의 주요 재료였던 뒷산 소나무 스케일이 그대로 적용된 것이고, 검박한 삶을 지향했던 조선의 정신이 만든 작음이었다. 그러나 그 '작음'이 반드시 바깥의 '큼'과 작용하고 있음은 말할 것도 없다. '큼'을 경영하는 '작음', 이것이 조선의 스케일이고, 지금 삼청동에는 '작음의 미학'이 그대로 남아 있는 것이다. 조선의 문인 박윤원은 노년에 삼청동에서 살았다. 그는 「사창기四窓記」라는 글에서 당시 삼청동의 풍경을 이렇게 기록했다.

내가 있는 방은 동서남북에 모두 창이 있다. 환하고 상쾌하며 시원스럽게 사방으로 통한다. 나는 그 사이에 앉아 책을 읊조린다. 산빛은 창에 닿고 샘물 소리는 문으로 들어 온다. 이름 모를 새가 와서 엿보기도 하고, 향기로운 꽃잎이 날아 들어오기도 한다. 한여름 무더위에도 꽉 막혀 답답한 고통이 없는 것은 모두 창의 덕택인지라 나는 매우 즐거워한다.—이종묵譯

'산빛'과 '샘물 소리', '향기로운 꽃잎', '상쾌하고 시원스 러움'이 다 있으니 가히 오감이 만족하는 집이고, 그런 즐 거움을 느낄 수 있는 곳이 삼청동이었다. 그런가 하면 성현 은 그의 저서 『용재총화』 권1에서 한성 도성 안에는 경치 좋은 곳이 적지만, 그중에 놀 만한 곳으로는 삼청동이 제일 이고, 인왕동이 다음이요, 쌍계동·백운동·청계동이 또 그다 음이다'라고 말한다. 그리고 당시 삼청동 풍경을 다음과 같 이 적었다.

삼청동은 소격서 동쪽에 있다. 계림제에서 북쪽으로 가면 맑은 샘물이 송림 사이로 흘러내리는데, 물을 따라 올라가면 산은 높고, 수림은 울밀하며 암학이 심수하다. 몇 리를 못 가서 바위가 깎아질러 벼랑을 이루고, 물이 그 사이로 흘러 내려 흰 무지개를 드리우면서 물방울이 구슬처럼 흩어진다. 그 아래는 물이 고여 깊은 소沼가 되고 그 옆으로 평탄하게 퍼져서 수십 인이 앉을 만한데 장송이 그늘을 이루었다. 그 위로는 바위 사이가 모두

진달래와 풍엽인데 봄가을에는 붉은 그림자가 환하게 비치니
선비들이 많이 와서 놀고, 또 몇 걸음을 올라가면 연굴이다.

　　지금은 자연이 작은 인공물로 대치된 곳이 삼청동이
다. 그래서 알게 모르게 우리를 이끄는 시간의 흔적들이 작
은 벽, 낡은 계단까지 고스란히 배어 있다. 이 짧은 시간이
가을의 색과 가을의 빛과 만날 때 우리는 다시 한번 아, 하
고 감탄한다. 그 감탄은 단순히 보이는 대상의 아름다움에
서 오는 것이 아니다. 그때 우리는 비로소 대상의 아름다움
뒤에 있는 아주 사소한 시간을 엿볼 수 있다. 가슴이 먹먹
해지는 아름다움. 삼청동의 가을은 그렇게 저물며, 새로운
시간 속으로 걸어 들어간다. 그리고 시간을 역으로 질주하
다 보면 우리는 뜻밖에 삼청동이 그리 녹록한 동네만은 아
니라는 것을 알게 된다. 『중종실록』에는 다음과 같은 기록
이 나온다.

　　병조가 아뢰기를, "소격서동昭格署洞(지금의 삼청동) 근처에
　　호랑이의 발자국이 있다고 하니 종적을 찾아 몰아내는 것이
　　어떻겠습니까?"하니, 전교하였다.

"호랑이가 있는지 없는지는 알 수 없지만, 만약 있다고 한다면
산밑에 사는 사람들이 상해를 당하는 폐단이 없지 않을
것이다. 밤에 통행을 금지시킬 것으로 해당 부部에 이르라. 또
착호대장捉虎大將과 좌우위장左右衛將을 미리 차정하였다가 내일
몰아내게 하라."

호랑이(로 짐작되는)가 나타났던 동네이다. 그 울창한
산세가 짐작된다. 그리고 지금 삼청동에는 은행나무 가로
수가 죽 늘어 서 있다. 그 은행나무들이 노오랗게 물드는
시간. 그 시간이 이파리 하나하나에 걸려 있어, 작은 것과
같이 더 큰 것을 경영하고 있는 길. 터무니없이 거대한 것
에 끌릴 때, 괜한 욕심으로 시류에 편승하고 싶을 때, 나는
삼청동 길을 걷는다. 그리고 그 작은 것들에 새삼 탄복하는
것이다.

멀리 북촌의 저자는 어지러이 이어지고
무성한 가을 숲은 성곽을 덮고 있네
삼청전 아름다운 전각은 아직인데
종경소리 들리더니 구름대문을 닫누나

흐르는 물 바위 아래 떨어져 요란한데

이슬 젖은 풀 사이로 반딧불이 날아드네

한없는 세상 시름을 이제 다 잊었는가

밤 이미 깊었건만 돌아갈 줄 모르네

———

손곡蓀谷 이달李達, 「유삼청동遊三淸洞」.

허균의 스승이며 삼당시인의 하나로 꼽히던 손곡蓀谷 이달李達도 아마 그렇게 삼청동을 서성였나 보다.

봄을 이렇게 노래했다

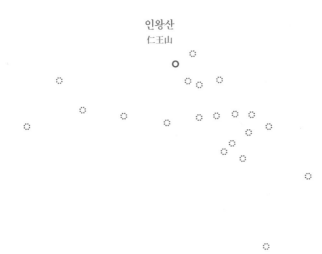

인왕산
仁王山

조선 후기 우리 산천 풍경을 사실적으로 그린 산수화를 진경산수眞景山水라고 한다. 중국 남화의 화풍에서 탈피해 진경산수의 경지를 연 사람이 바로 겸재謙齋 정선鄭敾(1676~1759)이다. 미술사에는 겸재가 전통적인 절파계의 북종화법과 새로이 유입된 남종화법을 결합시켜 자신만의 독창적인 진경산수 화법을 창안해냈다고 설명한다. 그러나 회화사 측면에서 조금 벗어나면, 인왕산 청풍계淸風溪를 중심으로 현실을 통해 고의古意와 이상을 찾고자 한 당시 사상적 동

향과도 밀접한 관계를 맺었음을 알 수 있다. 또한 한국 산
천을 주자학적朱子學的 자연관의 현현이라 여긴 당시 사대
부의 자연 친화적 풍류 의식과 같은 맥락에 서 있다.

● 　　　　　　　　　　　　　조선 후기 문예 주역

조선 시대 신분 제도는 사농공상은 직능적 구분이고, 문반
과 무반을 지배층으로 하는 양반과 평민 노비로 구분했다.
그러나 조선 중기까지 신분제는 상당히 느슨하게 작동해 평
민이 과거를 통해 벼슬길에 나아갈 수도 있었다. 심지어 조
선 시대 예학은 서얼 출신인 천출에 의해 확립되었다. 구봉
龜峯 송익필宋翼弼(1534~1599)이 그 장본인이다. 벼슬은 하지
않았지만 서얼 출신 성리학자 송익필은 이이와 교우하며,
예학의 태두가 된 김장생을 가르치기도 했다. 조선 시대 신
분제가 고착된 것은 임진왜란과 병자호란을 겪은 이후다.
이 시기에 상공업이 발달하고, 그 부를 바탕으로 자체적으
로 서민층의 교육이 이루어진다. 이들이 바로 조선 후기 테
크노크라트, 중인이었다. 이중환『택리지擇里志』의 「사민총
론四民總論」에는 당시 신분 질서를 이렇게 얘기한다.

종실宗室과 사대부는 조정에서 벼슬하는 집안이 되고,
사대부보다 못한 계층은 시골의 품관品官, 중정中正, 공조功曹
따위가 되었다. 이보다 못한 계층은 사서士庶, 장교, 역관,
산원算員, 의관과 방외의 한산인閑散人이 되었다. 더 못한 계층은
아전, 군호軍戶, 양만 따위가 되었으며, 이보다 더 못한 계층은
공사천公私賤 노비가 되었다.

여기서 말하는 서얼과 잡색이 중인 계층이다. 정조는
더 자세하게 편교編校, 계사計士, 의원醫院, 역관譯官, 일관
日官, 율관律官, 창재唱才, 상기賞技, 사자관寫字官, 화원畵員,
녹사錄事가 있다고 구체적인 예를 들었다. 이 중에서도 특
히 역관은 중국과 일본으로 가는 사신과 동행해 인삼 무역
으로 부를 축적하는가 하면 서책 수입으로 신문물의 수입
자가 되기도 했다. 먹고살기 어렵지 않을 만큼의 부와 신
분 차별로 한정된 벼슬길은 중인들을 자연스럽게 예술 취
향으로 기울게 했다. 동시에 중인만의 독특한 정서를 낳았
다. 사대부가 경전 연구에 치중했다면 중인은 시, 화, 서에
경도했다. 조선 후기 문예 부흥을 이끈 것은 바로 중인이었
다. 이들이야말로 조선 후기 문예 부흥의 후원자이자 생산
자였기 때문이다.

'위항委巷'이란 구불구불한 길이란 뜻으로 중인의 문학
을 의미한다. 한마디로 못사는 동네다. 그러나 이는 초기
모습이었을 것이다. 중인은 양반이 하지 않는 장부 정리나
서책 교정, 문서의 정서, 통역 등을 맡으면서 막대한 부를
축적했다. 그 직업적 특성 때문에 출퇴근이 용이한 서울이
주요 거주지였다. 이들은 주로 창덕궁을 중심으로 오른쪽
인 인왕산 일대(북촌은 일찍부터 양반이 거주해왔기 때문에), 청
계천 주변에 몰려 살았다. 그중에서도 인왕산은 뛰어난 풍
경으로 많은 이의 사랑을 받았다. 인왕산은 무학에 의해 서
울의 주산으로 거론될 만큼 장대한 풍채를 자랑한다. 청운
동, 옥인동, 누하동, 누상동 등 이들이 주로 인왕산 등성이
에 살았던 것은 그 아래 평지에는 이미 양반이 자리 잡고
있었기 때문이다.

  인왕산 청풍 계곡은 소위 '청풍사단淸風社團'을 중심으
로 조선 후기 사대부의 자주적 의지가 문화적으로 발현된
장소라 할 만하다. 오늘날 종로구 청운동은 과거 청풍동과
백운동을 합한 곳이다. 지금도 인왕산의 빼어난 경관은 여
전하다. 그 아래 즐비한 주택가들이 흐린 날 짙은 구름에
가려지면 더욱 완연하기 때문이다. 겸재의 그림이 현실을
재현한 것이 아니라, 겸재의 그림을 마치 현실이 재현하는
듯한 느낌을 지울 수 없다. 300년 전 장관이 오늘날에도 재

현되는 것인가, 싶다.

예부터 청풍계淸風溪는 세심대洗心臺, 유란동幽蘭洞, 도
화동桃花洞, 대은암大隱岩, 만리뢰萬里瀨와 함께 인왕산 일대
명소였다. 청풍계 위치는 지금 청운 초등학교 뒤쪽 일대로,
선원仙源 김상용金尙容의 복거지卜居地이기도 했다. 김상용
은 청음淸陰 김상헌의 형으로 겸재 화풍의 정신적, 경제적
조력자였다. 겸재의 진경산수는 김상용과 김상용을 중심으
로 '청풍사단'과 함께 이루어졌다. 그렇게 천재는 시대가 만
드나 보다.

●   송석원시사

그런가 하면 중인 중심의 시사도 있었다. 송석원시사가 그
것이다. 여기서 잠깐 당시 서울의 문화 지형도를 살펴보
자. 서울은 청계천을 중심으로 이북인 북촌과 아래 남촌으
로 나뉜다. 북촌인 가회동, 계동, 원서동, 재동, 안국동, 인
사동까지 사대부가 살던 곳이고, 남촌은 주로 몰락한 양반
이나 기술직에 종사하는 서민이 살았던 곳이다. 그리고 인
왕산에는 주로 중인이 살았다. 인왕산에는 누상동에서 흐
르는 물줄기와 옥인동에서 흐르는 물줄기가 있다. 두 줄기

는 오늘날 옥인동 47번지 일대에서 만나 청계천으로 흐르는데 이 계류가 바로 옥계玉溪다. 얼마나 맑았으면 옥 같은 물이라고 했겠는가(옥계는 청계천 상류로 이 아름다운 물줄기를 살리지 못하고 뚜껑을 덮어 그 위로 수돗물을 흘려보내고 있는 청계천의 현실이 안타까울 뿐이다). 양란으로 파괴된 경복궁을 버리고 임금이 창덕궁으로 옮겨가자 경치 좋고 땅값 싼 곳으로 중인이 몰려들었다. 당연히 고매한 교양을 지닌 이들은 여기서 자신의 자식을 교육했고, 그들이 훗날 장성해 계를 맺고, 크고 작은 시사詩社가 생겨났다. 약 60여 개 정도의 시사가 있었다고 하는데, 그중 가장 유명한 시사가 바로 송석원시사松石園詩社다. 인왕산에서 태어나 함께 자란 친구들이 옥계 언저리에서 1786년 7월 16일 옥계 청풍 정사에 모여 규약을 정하고 시사를 결성했다. 조선 최고의 편집자 장혼張混(1759~1828)은 『서옥계사수계첩후書玉溪社修禊帖後』「발문」에서

장기나 바둑으로 사귀는 것은 하루를 가지 못하고, 술과 여색으로 사귀는 것은 한 달을 가지 못하며, 권세와 이익으로 사귀는 것도 한 해를 넘지 못한다. 오로지 문학으로 사귀는 것만이 영원하다.

라며 문학으로 교류할 것을 선언했다. 이 시사의 모습은 이인문李寅文(1745~1821)의 그림으로 남아 있다. 자세히 보면 큰 바위 아래서 놀고 있는 무리 오른쪽에 '松石園(송석원)'이란 글자가 보이는데 이를 쓴 사람이 바로 추사 김정희다. 이처럼 송석원시사가 장안의 화제가 되자 문인으로 이 시사에 초대받지 못한 사람은 스스로 부끄럽게 여기기까지 했다고 한다. 그 아래 지금의 청운동 일대에는 장동 김씨가 살았던 청풍계가 자리한다. 김상헌, 김상용 형제는 여기서 청풍사단淸風社團을 결성해 시와 그림을 즐기며 진경산수의 후원자가 되었다. 여기서 시를 짓고 문학을 논하던 청풍계의 모습은 겸재의 〈장동팔경첩壯洞八景帖〉에 그 전모가 소상히 그려져 있다. 이 또한 인왕산을 배경으로 펼쳐진 위항문학 시기 사대부의 모습이었다.

역관으로 활동하던 중인은 대부분 청계천 부근에서 살았다. 이들 스스로도 뛰어난 문인이었지만 다른 문인의 글을 들고 나가 평가를 받기도 하고, 인삼 무역으로 번 돈으로 서적을 수입해서 조선에 새로운 바람을 일으켰다. 홍세태, 이언진, 이상적 등이 바로 그들이다. 특히 이상적-오경석-오세창에 이르는 조선 말기 역관 라인은 개화파를 일구는 결정적 역할을 하며, 신분의 구분 없이 김옥균, 박영효 같은 사대부 자제들도 대거 참여하게 된다. 이와 같이

조선 후기는 신흥 자본가 계층인 중인의 시대였고, 위항문
학의 시대였다. 역동적인 민족자본은 갑오경장의 실패로
철퇴를 맞고, 일제강점기에 몰락을 겪으며, 미군정하에서
한국 자본주의의 왜곡을 낳고, 그들이 향유하던 문학과 예
술마저 그들과 같이 스러져갔다. 어차피 문학은 혼자만의
일이지만 조선 후기 위항 문인을 보면 벗이 있어서 즐겁게
할 수 있는 게 문학이란 생각이 든다. 좋아하는 것은 즐기
는 것만 못하다고 하지 않았는가. 즐기려면 좋은 문우들이
있어야 한다.

●　　　　　　　　좋았던 시절과 지우고 싶은 시절
────────────────────────────────────

그들은 좋은 문우들과 사귀었고 호시절을 누렸다. 그러나
그런 '아름다운 시절'도 오래 가지 못했다. 인조 15년(1637)
정월, 강화가 청에 의해 함락되면서 선원 김상용이 77세의
고령으로 강화성 남문루에서 장렬하게 순절했다. 이후 그
의 아우 청음 김상헌은 척화대신斥和大臣으로 지목되어 청
나라로 끌려갔다. 이때 청음은 심양에서의 수형생활 중에
도 이곳 청풍계의 풍경을 잊지 못해 이런 시를 지어 그리워
했다.

청풍계 위의 태고정은 우리 형님 사시던 곳
임학林壑 승경 한폭의 그림인데,
높은 암벽은 창옥병蒼玉屏이 둘러있다네

청음 김상헌은 형 김상용이 살던 청풍계와 지척인 도
화동에 살았다. 옛날 도화동은 복사꽃이 많아 봄철 상춘객
들이 즐겨 찾는 명소였다고 한다. 이 복사꽃 풍경을 이룬
도화동의 봄을 정조조의 문인 냉재冷齋 유득공柳得恭은 이
렇게 노래했다.

비바람 지나간 시냇가로 봄을 찾아 도화동 들어가네.
도화동의 복사꽃 나무 1천 그루는 되는 것이
사람은 나비 따라가고 나비는 사람 따라 나누나

일천 그루라니, 대단한 풍경이었을 것이다. 아마 인왕
산 일대 춘경은 복사꽃으로 눈이 모자를 지경이었는지 영
성군靈城君 박문수朴文秀도 북안 산록의 세심대를,

李白挑紅萬樹開

희고 붉은 자두꽃 복사꽃 만가지에 가득 피었네

　라고, 읊고 있으니 가히 인왕산과 북악의 봄은 온통
희고 붉은 꽃 천지로 선경을 이루고 있었음이 틀림없다. 그
러나 현대사에서 인왕산은 온통 핏빛이다. 1968년 무장 공
비들의 잠입 경로로 이용되면서 군사 도로가 뚫리고, 청와
대가 바로 보이는 곳이라 하여 온갖 불합리한 규제가 성행
했다. 그 와중에도 개발 바람은 끊이지 않아 아름답던 북악
산록 풍경도 점차 빛을 잃어갔다.

　仁旺山의 첫머리는 白岳山이다. 초목이 드물고 돌이 많다.

꼭대기에 큰 바위 세 개가 서 있다. 혹은 대머리산이라고도 한다.

금이 많이 난다. 이곳의 어떤 짐승은 여우같이 생겼는데, 턱이

뾰족하고, 귀가 없고, 꼬리가 40자나 된다. 이름을 狂狼이라하며,

이것이 나타나면 집안이 망한다.

　서쪽으로 한 백 리 가면 魄佛山이라는 곳이 나온다. 이곳의 어떤

짐승은 생김새가 살무사 같은데 날개가 달려 있다. 사람의 말을

알아 들어서, 그 싸우는 소리가 나면 정직한 자를 잡아 먹는다.

義롭다는 말을 듣는 사람은 코를 베어먹고, 악하고 못돼먹었다는

말을 듣는 자에게는 짐승을 잡아다 갖다 바친다.

———

황지우, 「山經」, 『게 눈 속의 연꽃』,
문학과지성사, 1991. 중에서

인왕산이란 명칭은 신라와 고려 때 나라를 지키기 위해 열었던 호국 법회인 '인왕도량'의 불경 『인왕경』에서 비롯됐다. 『인왕경』은 부처님이 여러 나라 왕을 위해 설법한 것으로, 통치술에 관련된 내용을 담은 불경이다. 즉, '인왕도량'은 어진 임금이 되기 위해 열었던 법회다. 시인은 이 의미를 역설적으로 풀어서 중국의 사대기서 중 하나인 '산해경'을 차용해 우리 현대사를 패러디하고 있다. 황지우는 같은 작품 서두에서 또 이렇게 이야기한다.

무릇 經典은 여행이다. 없는 곳에 대한 地圖이므로.

누가 아빠 찾으면, 집 나갔다고 해라.

시인의 말처럼 산에 오르는 길은 경전을 펼치는 일인
지도 모른다. 인왕산은 1968년 1월 21일부터 군사적인 이유
로 출입이 통제되었다가 1993년 3월 25일 정오부터 다시 개
방되었다. 그 기간 동안 군사 도로가 나는 등, 산의 지형은
손상되었지만 불행 중 다행으로 식생은 보호되었다. 조선
초기 한양을 도읍으로 하면서부터 인왕산은 언제나 논란의
대상이었다. 무악은 인왕을 주산으로 하자고 했고, 정도전
은 북악을 주산으로 해야 한다고 우겼다. 결국 중국 풍수를
고집해 좌향 이론을 내세운 정도전의 말대로 궁과 도성 자
리가 정해졌다. 그 모습을 본 무학은 장자로 왕위를 이어
나가지 못 할 것이라 예언했다. 이후 다시 세종 때 청계천
상류에 커다란 자연 정화 시설을 설치해 내명당수를 맑게
해야 한다는 논의가 일어났지만, 성리학 이데올로기에 위
반된다는 이유로 풍수시비까지 일으키며 무산됐다. 근현대
사를 지나오면서 이데올로기에 의한 입산 통제에 이르기까
지, 인왕산은 많은 우여곡절을 겪었다. 그러나 산은 늠름
하다. 나는 비 내리는 인왕산을 사랑한다. 마치 천군만마가
대초원에서 일으키는 먼지처럼 유유히 치솟는 운무에 휩싸
인 인왕을 바라보는 일은 말 그대로 진경眞景이고, 또한 산
수山水이기도 하다.

스스로 그러한
오늘의 시간을 위하여

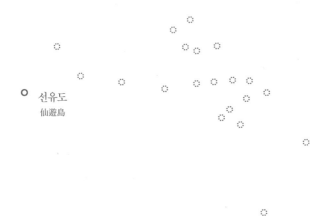

선유도
仙遊島

상전벽해桑田碧海라는 말이 있다. 뽕나무밭이 푸른 바다가 되었다는 뜻이다. 그러고 보면 시간의 힘은 얼마나 터무니없는가. 시간은 인간의 힘을 초월해 상상 속 저 먼 데서 예상을 뒤집는다. 그러나 산업사회에서 인간의 힘은 예측 불가능한 것을 예상하게 한다. 인간의 힘은 상전벽해를 벽해상전碧海桑田으로 만든다. 푸른 바다가 뽕밭으로 변하는 것이다. 뽕밭이 바다가 되는 것은 상상을 초월하지만 바다가 뽕밭으로 변하는 것은 얼마든지 예측 가능한 일이다. 바다로 변한 예전 뽕밭에 서서 우리는 시간의 힘과 세월의 무상함을 느끼지만, 뽕밭으로 변한 예전 바다에서 우리는 인간의 무지막지한 힘을 반성하게 된다. 왜 이런 가치전도가 일어나게 되는 것일까? 시간은 옳고 우리는 그른가?

● 　　　　　　　　　　　전국에 있는, 있었던 먹자골목

얼마 전까지 걷고 싶은 거리를 만든다고 곳곳의 난삽한 가로를 정비하고 나무를 심고 의자도 갖다 놓고 분주하기 짝이 없었다. 월드컵 전에는 어디를 가도 그런 거리 조경이 한창이더니 요즘에는 조용하다. 공사 시기야 어느 때나 상관없고, 또 기왕 할 공사라면 국제 행사 기간 전에 끝내는 것이 여러모로 효과적이라 할 수 있다. 문제는 그 난리를 떠는 모습을 보면서 저것이 언제 수립된 계획인가 하는 의문이 드는 것이다. 서울시의 전체적인 도시계획에 이미 포함된 내용이라면 모를까, 단순히 전시용이라면 실망스럽기 짝이 없는 노릇이다. 대부분 거리 조경 공사는 공유지를 중심으로 이루어져 있다. 그러나 그 공유지는 비어 있는 땅이 아니다. 소위 무허가 건물이다. 무허가 건물이므로 정부에서 이곳을 걷고 싶은 거리로 만들어야겠으니 나가라고 하면 사실 할 말은 없다. 그러나 그 무허가 건물이 모여서 이루고 있는 도시 역학적인 측면에서 보면 그렇게 간단하지 않다. 아무리 정부 땅에 허가 없이 들어선 건물이라고 하더라도 이미 몇십 년 동안 거기서 삶을 이루는 사람들이 있고, 또 그 거리를 찾는 이용자가 있을 때는 문제가 달라진다.

홍대입구역에서 내려 홍대 쪽으로 향하는 길목에는 사람들이 '먹자골목'이라고 부르는, 세 사람이 어깨를 대고 걸으면 꽉 차는 비좁은 거리가 있었다. 그런 먹자골목은 전국 어디에도 다 있을 것이다. 지금은 없어졌지만, 홍대 앞 먹자골목 양쪽으로는 떡볶이집, 삼겹살집, 오락실, 옷가게, 음식점들이 즐비하게 들어서 있었다. 그 거리 음식점들은 좁은 옛 철로 부지에 무허가로 지은 탓에 길도 좁지만, 내부도 비좁기 짝이 없다. 그래서 음식이 모두 길 쪽으로 진열돼 있었고 사람들이 걸음을 멈추면 바로 서서 음식을 먹을 수 있었다. 이 거리는 근대적인 도시계획의 눈으로 보면 당연히 부정적으로 비칠 것이다. 걷고 싶은 거리가 아니다. 그런데 지하철을 이용해서 홍대를 찾아가는 사람들은 굳이 넓은 길을 놔두고 꼭 이 비좁은 길을 택한다. 왜일까? 거기에는 사람들이 부대끼며 살아가는 도시의 진정한 활력이 있기 때문이다. 김이 피어오르는 어묵 국물, 지글거리며 익어가는 음식에 머리를 박고 소주잔을 기울이며 심각한 얘기가 오가고, 농담이 왁자하게 섞여들며 거리에 생기를 불어넣는 것이다.

그런데 2002년 월드컵을 준비하는 거리 정비 사업의 하나로 이 일대가 '걷고 싶은 거리'로 지정되면서, 그 모든 활력이 깡그리 없어져 버렸다. 건물은 철거되고, 그나마 남아 있는 집은 도로 폭을 확보하기 위해 일부분이 잘려 나간 어정쩡한 모습으로 서 있다. 그 자리에는 예쁜 보도블록이 깔리고 나무들이 심기고, 멋진 벤치가 여기저기 놓였다. 거리는 번듯하고 시원해졌지만 그 옛날의 활력은 어디에도 남아있지 않다. 거기서 장사하는 사람들의 인심도 변했다. 어느 여름 날씨도 무더워서 밖에 탁자를 펴고 술 한잔 걸치기 위해 이 새롭게 단장된 거리를 찾았지만 그럴 수 없다는 것이었다. 이유인 즉슨 어느 집인지 모르지만 같은 경쟁 업소에서 불법 도로 점유 신고를 해 이 일대 업소가 모두 단속 중이라는 것이었다. 물론 거리에서 좌판을 벌이는 건 불법이지만, 너무 단정한 것도 매력 없다. 점포와 거리 사이의 탄력, 우리는 이런 거리를 사랑한다. 사람들이 다시 이 거리를 사랑하게 될 때까지 또 몇십 년이 흘러야 할 것이다. 그럼 어떻게 할 것인가? 어떻게 우리는 좋은 환경과 만날 수 있는가?

● 지금, 여기서, 우리가 진정으로 원하는 것

비록 홍청대는 가로풍경은 아니지만 선유도 공원은 도시와
가로의 탄력을 간직하고 있다. 상상하기 힘들겠지만, 선유
도는 20세기 초만 하더라도 선유봉이라고 불렸다. 뻐죽한
봉우리가 아니라 봉우리 둘로 이루어진 정취 넘치는 산이
었다. 말 그대로 해발 40미터의 봉우리로 강변의 모래사장
이 양화나루까지 이어져 있어 물이 없을 때는 걸어서 강을
건넜다. 마포의 잠두봉과 선유봉, 그리고 양화나루까지 연
결된 산세는 그대로 절경을 이루었을 것이다. 잠두봉은 서
울 남산의 북서쪽 봉우리로 현재 서울 타워가 있고 케이블
카가 설치된 깎아지른 듯한 절벽이 있는 곳이다. 누에가 뽕
을 먹기 위해 머리를 들고 있는 형상이라 하여 잠두봉이라
고 불렸다고 하는데 지금도 이곳에서는 사대문 안이 한눈
에 들어온다. 한강에 배를 띄우고 잠두봉 절벽을 지나 선유
봉과 절두산 사이를 지나면 깊은 협곡 사이를 돌아 나간듯
한 착각이 들었을 것이다. 겸재가 그린 〈선유봉〉에서도 잘
나타나 있듯이 많은 시인 묵객들의 정자가 있었고 특히 양
녕대군은 이곳에 영복정榮福亭이라는 정자를 지어 만년을
한가하게 보냈다고 한다. 17세기에 지금의 난지도에서 살
았던 한백겸은 이렇게 당시의 선유봉 일대를 그렸다.

문을 나서면 마주하는 것이 선유봉仙遊峯이다. 한 점 외로운 산이 날아가다 강가에 떨어진 듯하여 마치 여러 용이 구슬을 다투는 것 같다. 주위를 돌아보면 가장 먼저 눈 안에 들어오는 것이 소요정逍遙亭이다. 백 길의 두 기둥이 물 가운데 마주 세워져 있어 흡사 신선의 저택에 문을 열어놓은 듯하다. 돛을 단 조각배가 바람을 따라 왕래하느라 점점이 출몰하니, 이들은 들판 너머 큰 강에서 늘 마음대로 바라볼 수 있는 것들이 아니겠는가? 늙은 소가 송아지를 데리고 예닐곱 마리가 떼를 지어 물을 마시기도 하고 누워 있기도 하니, 문 곁에 푸른 들판에서 늘 스스로 기르는 것들이 아니겠는가? 아침 안개와 저녁 노을, 가을 달빛과 봄날의 꽃 등 시간의 흐름에 따라 변화하는 모습이 끝이 없다. 이 모든 것은 눈앞에 거두어 들여 간직하여 우리 집의 재산으로 삼는다.—이종묵 역

지금 풍경으로는 상상이 가지 않는다. 하지만 더 상상하기 어려운 것은 선유도가 지금은 섬이지만 당시에는 양화동 쪽에 붙어있던 봉우리였다는 사실이겠다. 그러니까 선유봉은 안양천과 한강 사이 봉우리였다. 지금은 겸재 정선의 그림에서 그 옛 모습을 찾아볼 수 있을 뿐이다. 정선의 그림은 안양천 건너편에서 그린 것으로 짐작된다. 그림에는 작은 초가들과 커다란 기와집이 보이는데, 이 기와집

은 연봉 이기설의 집으로 추정된다. 한백겸의 집에서 바라보던 소래정은 선유봉의 서쪽으로 지금의 가양동에 자리잡고 있었다. '백길의 두 기둥이 물 가운데 마주 세워져'있다던 그 봉우리는 소래정이 있던 탑산과 광주바위를 가리키는 듯하다. 이곳의 절경 또한 겸재 그림에 잘 나타나 있다. 그래서 소래정 그림과 선유봉의 그림을 이어 놓으면 당시의 한강 서쪽의 절경이 그대로 나타난다. 남산에서 마포, 가양동까지 이어지는 말 그대로 그림 같은 경치가 이어져 오고 있다. 그 절경이 무너지기 시작한 것은 1925년 을축년 대홍수를 계기로 일제의 한강 치수 사업의 일환으로 제방을 쌓기 위해 선유봉의 바위들을 캐면서부터였다. 한번 손댄 과자에 계속 손이 가는 것처럼 선유봉은 다시 1930년대 일제의 태평양 전쟁 수행을 위해 황폐해져 갔다. 일제가 김포에 비행장을 건설하면서 선유봉에 채석장을 개설했다. 일제의 뒤를 이어 남한에 진주한 미군도 선유봉의 바위를 야금야금 갉아먹었다. 비행장 건설과 도로 개설을 위해 석재를 채취해 도로포장에 사용하면서 선유봉은 흔적도 없이 사라져버렸다. 잠두봉의 누에가 뽕잎은 안 먹고 선유봉만 갉아 먹었는지, 선유봉의 높은 봉우리가 순식간에 평지가 되어버린 것이다. 그리고 제3공화국은 그 평지에 제2 한강교(양화대교)를 놓고 정수장을 만들었다.

선유도 공원은 이렇듯 주체적이지 못하고 무분별한 개발의 지난 세기를 반성한다는 데 그 의미가 있다. 단순히 과거의 절경을 복원하는 것이 아니라 그러한 개발을 포함한 변화를 시간의 커다란 흐름 안에 놓고 다시 생각해 보자는 것이다.

양화진은 지금 절두산 성당이 있는 자리이고, 오른쪽 그림은 양평동 쥐산 풍경이다. 두 그림 모두 구도상 겸재가 선유봉에서 그렸을 것으로 짐작된다. 겸재가 그린 이 세 그림(선유봉, 양화진, 이수정)을 조합하면 당시 선유봉 일대의 한강 풍경이 그려진다.

겸재가 본 풍경 그대로가 아닌 21세기 겸재의 시선으로 우리는 선유봉이 아닌 선유도를, 그리고 지금을 바라보아야 한다. 한강 정수사업소가 있던 선유도를 공원으로 만들면서 설계자들이 가장 고심했던 부분도 바로 그것이었다. 실제로 지형의 복원 문제도 거론되었지만, 현실적인 어려움으로 삭제되었던 건 큰 다행이다. 양평동까지를 메우고 해발 40미터의 봉우리를 다시 인공적으로 만든다고 생각해 보라. 그건 끔찍한 일이다. 그 대신 설계자들은 정수사업소라는 현재에 주목했다. 죄다 밀어붙이고 나무를 심는 것은 너무 안이한 방법이었다. 설계자들은 먼저 정수사업소의 구조물들을 새로운 21세기의 대안을 담는 그릇으로 활용했다. 인공적으로 물을 정화했던 침전조의 구조물을 그대로 살려서 거기에 물을 자연 정화하는 식물들을 키웠다. 선유도 공원은 오염된 물을 침전시키고, 여과해서 정수지에서 다시 각 가정으로 보냈던 기존의 정수과정을 그대로 따르고 있다.

여기에서 과거의 침전지(약품을 투여하여 응집된 물속의 불순물을 가라앉혀 제거하는 거대한 탱크)는 천정을 모두 제거하여 식물 종의 풍부함을 보여주는 시간의 정원으로 만들어졌다. 시간의 정원은 기존 정수장의 구조물이 가장 많이 남아 있는 곳으로 그 진입 방향도 입체적으로 계획되었다. 상부에는 브릿지들이 가로 세로로 연결되어 다시 바닥으로 이어지고 진입로는 그대로 양화대교 쪽으로 이어진다. 이러한 입체적인 구조는 일직선상의 대각선 구도의 단조로움을 깨고 이것을 이용하는 이용자 스스로 공간의 풍경을 이루게 한다.

그리고 시간의 정원에서 계단 몇 개를 밟고 오르면 양쪽으로 길게 난 좁은 복도를 짧게 횡단하는데 이 좌우로 난 좁은 복도는 시간의 정원과 수생식물원을 연결하는 훌륭한 완충지대로 존재한다. 마치 우리는 거기에서 시간의 끝을 경험하는 효과를 만끽할 수 있다.

그리고 우리는 제1 여과지로 쓰였던 수생식물원의 탁

트인 개활지에 들어가게 된다. 8개의 수조를 갖추고 침전지에서 흘러들어온 물을 모래와 자갈의 여과층을 통과해 불순물을 걸러내던 이곳은 지붕을 모두 철거하고 각종 수생식물로 식재되었다. 사실 이 공간이 허전하리만치 방치되어 있다는 느낌을 지울 수 없다. 그러나 이 허전함은 녹색 기둥의 정원에서 보상받는다. 즉, 시간의 정원에서 만났던 입체적인 구조물들이 수생식물원에서 깨끗이 지워지고 우리는 다시 녹색으로 뒤덮인 폐허의 기둥을 마주하는 것이다. 그리고 이 수생식물원에서 정화된 물이 다시 벽천을 타고 시간의 정원으로 흐르는 것은 상징적이다. 그 물을 따라 다시 시간의 정원을 산책하는 것도 좋겠지만 그대로 녹색 기둥 정원으로, 그 폐허로 계속 나가는 것도 좋다.

그래서 우리는 이윽고 녹색 기둥 정원에 도착한다. 원래 제1 정수지로 쓰였던 곳이다. 깨끗해진 물을 담아 두었던 정수지 상부는 테니스장으로도 쓰였는데 공원으로 계획하면서 기둥만 남고 나머지 구조물을 다 철거해버렸다. 그 결과 선유도 공원에서 가장 고즈넉한 공간이 만들어졌다. 녹색 기둥 정원은 폐허와 단순함을 동시에 갖고 있다. 폐허의 무작위한 선들과 반복, 그리고 육면체 기둥의 단순함으로 녹색 기둥 정원은 바로크적인 폐허와 미니멀의 단순함이 교차하고 있다. 만약 우리가 이 공간에서 어떤 관능을

느낀다면 그것은 바로크의 영향이고, 고요한 순간을 경험
한다면 그것은 미니멀의 느낌일 것이다. 그런 이유로 녹색
기둥 정원은 선유도 공원의 가장 극적인 장소가 된다. 과거
여기에서 정수된 물들이 모여 상수도관을 타고 수요자들에
게 물이 공급되었듯이, 지금 이 고요와 관능의 공간은 우리
일상을 다른 곳으로 안내한다. 선유도 공원은 '지금, 여기'
의 인식으로 과거와 현재를 성공적으로 살아내고 있다. 상
전벽해의 시간과 벽해상전의 인위적인 힘 사이에서 과거는
되돌아가는 것이 아니라, 나아가야 만날 수 있다는 것을 선
유도 공원은 웅변한다. 미래는 곧 우리 앞에 놓인 과거다.
그렇지 않고서야 역사가 우리에게 던지는 질문이 무슨 소
용이 있겠는가?

또 우리의
손때를 입히자

인사동
仁寺洞

나는 인사동 출입이 그리 잦은 편은 아니다. 어쩌다 계절마다 두세 번 정도가 고작인데 거의 대부분이 술 약속 때문이고, 일 년에 한번 정도는 낡은 부채를 바꾸기 위해 지물포를 들르는 게 전부다. 부채, 특히 합죽선은 나에게 있어 각별한 여름 필수품이다. 그렇다고 좋은 부채를 고르는 안목이 있는 것은 아니어서 대충 깃대 마디가 깊고 촘촘하며 선두가 가벼우면서도 부채를 접었을 때 말끔하게 정리된 것을 선호하는 정도다. 인사동이 전통 거리라고는 하지만 나에게는 그냥 일상적인 생활공간에 지나지 않는다. 무슨 시간의 액이 끼었는지 아무리 갖은 애를 써도 약속 시간에 번번이 늦어, 주위 사람으로부터 눈총을 받은 지도 어언 옛날이고, 이젠 아예 으레 늦는 이로 봐주는 아량을 보여주는 지인을 위해 걸음을 바삐 재촉하면서도 꾸벅꾸벅 마주치는 아는 이들에게 인사를 해야 하는 곳이 인사동이다. 자리 잡고 노점에서 술을 마시는 이들에게는 인사할 엄두도 못 내고, 그나마 술집을 찾아 배회하는 이들에게는 같이 자리하지 못해 미안하기 그지없기까지 하다. 이래저래 인사동에서는 인사할 일이 많다.

●   메리의 골목

조선 시대에는 행정 관할 구역을 크게 방坊으로 나누고 다시 작은 구획으로 나누어 가는 데, 인사동 명칭은 관인방寬仁坊으로 불렸던 큰 구획과, 작은 구획을 말하는 대사동大寺洞의 '인仁' 자와 '사寺' 자를 따서 만들어진 이름이다. 아마도 이 지역이 지금의 이름인 '인사동'으로 불리게 된 것은 일제강점기부터인 듯하다. 우리나라 전역에 널리 쓰이는 지명은 대부분 일제가 식민지배 질서를 강화하기 위해 저

들의 편의대로 고친 것이 대부분인 만큼 인사동 명칭에도 그런 우리 역사의 뼈아픈 흔적이 묻어 있다.

그리고 1930년대 지식인의 허무와 친일의 고통 속에는 잃어버린 전통에 대한 단절감이 존재한다. 인사동이 딱히 그런 상처의 상징적 장소는 아니지만 나는 인사동 거리를 걸으면서 늘 오늘을 사는 우리 지식인의 얼굴과 그 시절의 절망이 겹치는 상쾌하지 못한 체험을 하곤 한다. 그런 상처를 가진 장소를 따지자면야, 명동이 더 상징적이고 우리에게도, 보다 직접적인 정서로 남아있겠지만, 인사동은 그런 장소성을 떠나 오히려 대안 출구처럼 작용한다. 21세기를 사는 한국인에게 가장 큰 상처는 무엇일까? 그건 아마도 전통과의 심각한 단절이 아닐까?

서울에 관해 생각할 때, 가장 먼저 떠오르는 것은 도심 한복판에 있는 종로의 열광적인 분위기이다. 여기에는 최신의 헤어스타일과 옷차림을 한 십 대의 무리들이 옷가게에서 앞다투어 싼 물건을 고르고 있다. 이 패션과 스타일의 본거지와 대조를 이루는 곳은 이웃한 인사동의 골동품 거리이다. 주말을 보내는 가장 즐거운 일과 중의 하나는 인사동에서 윈도우 쇼핑을 하며 진열장 너머 도자기 병과 서예의 아름다움에 감탄하는

것이다. 여기저기를 돌아다니다가 전통찻집에서 인삼차를
마시며 피로를 푸는 것도 즐겁다. 운이 좋다면 쇼핑객들과 한국의
전통 사탕인 엿을 파는 노인을 바라볼 수 있는 창가에 자리를
잡을 수 있다. 옛것과 새것이 이렇게 가까이 공존하고 있다는
사실에 나는 끝없이 놀라게 된다.

이 글은 어느 외국인이 본 서울의 느낌을 그대로 옮긴
것이다. 우선 우리에게는 너무 자연스러운 것이 이방인의
눈에는 경이로 다가온다는 게 더 놀랍고 신기하다. 그러나
나 역시 그 반대쪽에서 놀랍긴 마찬가지다. 그래서 "전통은
아무리 더러운 전통이라도 좋다"고 노래한 시인 김수영의
구절을 나는 인사동을 걸으면서 떠올리곤 한다. 인사동은
우리에게 우리도 기댈 곳이 있다는 헛된 희망을 품게 한다.
그 희망은 아직도 희망으로 떠오르지 못한 깊은 닻과 같기
에 그렇다. 그리고 그 닻이 우리를 정박해 놓지 않기 때문
에, 우리의 표류는 더 병이 깊다. 인사동 거리가 우리에게
주는 위안은 어쩌면 그런 깊은 병과 무관하지 않을 것이다.
전통은 아무리 더러운 전통이라도, 그것이 설사 껍데기만
남은, 박제된 전통이라도, 인사동에 가면 박제된 풍경을
내면화시킬 수 있는 빌미가 있어 좋다. 인사동을 '메리의

골목'이라고 부르는 외국인도 좋고, 오래된 것이라면 뭔가 대단한 것처럼 바라보는 행인도 좋고, 이집 저집에서 술을 마시며 '변론을 일삼는' 식자도 무릎을 꿇지 않아서 좋다.

八・一五 후에 김병욱이란 詩人은 두 발을 뒤로 꼬고

언제나 일본여자처럼 앉아서 변론을 일삼았지만

그는 일본대학에 다니면서 四年동안을 제철 회사에서

노동을 한 强者다

김수영, 「거대한 뿌리」, 『거대한 뿌리』,
민음사, 1974. 중에서

● 점적인 길과 선적인 길

주로 고서점으로 이루어진 인사동 거리가 활성화되기 시작한 것은 1950년대부터이지만 1930년대부터 인사동 네거리의 문광서림文光書林, 관훈동 18번지의 한남서림翰南書林, 수도약국 공터에 있던 금문당金文堂, 익선동의 광동서국光東書局 등이 이미 인사동만의 색깔을 만들고 있었다. 특히 간송澗松 전형필全瀅弼이 경영하던 한남서림이 사들였던 고서화들은 국보급 문화재로 지정된 것들이 있을 정도로 그 명성이 쟁쟁했다. 그러다 해방 이후 일제가 물러나면서 일본인이 소장한 고미술품들이 대거 쏟아져 나왔다. 그리고 70년대 개발 독재의 떡고물로 부를 이룩한 졸부들에 의해 골동품 투기 붐이 일면서 인사동은 몸살을 겪는다. '더러운 전통'이 군부 독재의 정통성을 조작하기 위해 다시 박제를 거치게 되는 과정이었다.

분명 인사동은 '피의 거리'가 아니다. 그러나 거기에는 그 어느 곳보다도 '유린된 전통'을 증명하는 고발이 통째로 들어 있다. 17년 전 티베트를 여행할 때, 나는 우리의 과거를 똑똑히 보았다. 중국군이 포탈라궁을 수탈하는 과정에서 흘러나온 티베트 탕카들이 유럽인, 일본인, 한국인 할 것 없이 그들의 손을 통해 속속 해외로 빠져나가는 것을. 은밀히 값을 흥정하는 그 티베트인의 눈에서 나는 우리의 과거를 읽어야 했다.

그리고 지금 인사동은 '메리의 골목'으로 새 단장을 하기 위해 일대 변모를 했다. 길은 검은 전돌로 포장했고, 예스러운 분위기를 위해 곳곳에 물확을 놓았다. 종로 쪽에서 들어오는 입구에는 커다란 장승과 열주들로 상징성을 더했다. 더러운 전통이 이젠 관광 상품으로 말끔히 단장한 것이다.

섬에서 올라온 노총각

호박엿으로 엿갈래 같은 여자를 꼬여왔는데

단맛 다 빨아먹고 가버렸네

그래도 호박처럼 둥글둥글한 노총각

다시 울릉도로 돌아갈까 하다가

인사동 돈바람에 취해

신나게 가위질하며 호박엿을 자르는데

엿 타령 호박 타령

성인봉에 와다리와 너와집

서울 여자만 여자냐

통구미 산비탈에서 더덕 캐는 여자도 여자지

그녀와 둥글둥글 살 날을 꿈꾸며

가위 장단에 엿을 치는데

꽃집 아가씨 예쁜 손으로 엿을 만지네

———

이생진, 「엿장수 맘대로」, 『인사동』,
우리글, 2006. 중에서

　　　새로이 단장한 인사동을 걷는다. 그 길은 여기저기에
서 불쑥 연결하고 있는 작은 골목이 여전히 그대로다. 그
작은 골목으로 또 가지를 치고 자리 잡은 '이모집'도, 카페

'올가'도 그리고 거리의 포장마차도 그대로다. 그러나 변한 것도 있다. 밤낮으로 문인들이 모여 술타령하던 '평화 만들기'는 사라졌고, '현대시학'도 돈화문길로 이사했다. 그냥 그곳에 있고, 모든 것이 제자리에 있는 건 서울이 아니다. 인사동이 새 단장을 하는 바람에 더욱, 그 골목에서 벗들과 거나하고 배부르게 먹고 마시다가 큰길로 불쑥 나오면, 말 그대로 '불쑥' 어디 다른 곳인가? 의아하다. 아직 낯선지, 불쑥 연결된 작은 골목들은 정겨운데 거꾸로 불쑥 튀어나온 큰길은 낯설다. 어쩐지 이 새 단장이 아셈 회의를 앞두고 이루어졌다는 것도 어딘가 석연치 않다. 충분한 시간을 갖지 못했던 것은 아닌가 하는 의심이 든다. 왜냐하면 인사동에 놓인 석물과 열주들, 그리고 안내소 같은 구조물 하나하나 예쁘고 단정하지만 어딘지 전체적인 흐름이 사람의 심기를 불편하게 만들기 때문이다.

길에는 두 가지 성격이 있다. 하나는 선線의 길이고, 다른 하나는 점點의 길이다. 길에 선적인 특성이 강조될 때 우리는 풍경을 잃는다. 그런 길은 단순히 다른 점과 점을 빠르게 연결하는 속도에 지배 받는다. 고속도로가 대표적인 경우다. 고속도로에서 우리는 일직선으로 뻗어있는 길과 그 소실점만을 향해 치닫는다. 그 소실점은 길을 먹고, 풍경을 먹어 치우며, 급기야는 나를 먹어 치운다. 고속도로에서 만나는 무수한 동물의 시체는 길의 방향이 서로 다르기 때문에 일어나는 것이다. 거미줄처럼 얽힌 도시 속에서 일어나는 허다한 교통사고 소식도 서로 다른 길의 방향성 탓이다.

점적인 길은 속도가 아니라 풍경에 지배받는다. 따라서 길을 가던 사람이 만약 다른 풍경에 마음을 빼앗긴다면 길 자체가 바뀐다. 다른 길로 가게 될 수도 있는 것이다. 만일 아는 사람을 만난다면 그는 거기 주저앉아 술 한잔을 할수도 있고, 빚쟁이를 만나면 급히 다른 길로 몸을 숨겨 자신이 갈 길을 바라볼 수도 있을 것이다. 새로 단장한 인사동이 내 심기를 자꾸 불편하게 만드는 건 이런 길의 속성을 충분히 드러내지 못 한 채, 단지 앉아서 쉬는 소품에만 관심을 기울인 까닭이다. 자꾸 사람들이 인사동이 예전만 못하다고 얘기하는 것도 아마 그런 이유일 것이다. 과거 인사동은 정리되지 않은 듯 점적인 길의 특성이 그대로 살아 있었다면 새로 단장한 인사동은 말끔히 정리되면서 보다 선적으로 변한 것 같은 느낌이다. 그러나 그렇다고 해서 이제 인사동은 버려 버렸다고 자탄할 일은 아니다. 왜냐하면 언제나 좋은 공간은 좋은 사람들이 만들어 나가는 것이니까. 누가 망쳐 놓았든 거기에 또 우리의 손때를 입히자. 전통은 아무리 더러운 전통이라도 좋은 것이니까. 그 새로운 손때가 전통이 될 때까지.

오늘도 서울에서는

자본만이 풍경이 되어

모두를 전생으로 만든다

때때로 많은 것을 허물었지만

그곳에는 언제나 사람이 있었다

물질을 잃고,
출렁이는 물그림자

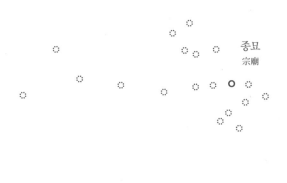

종묘
宗廟

"가장 한국적인 것이 가장 세계적인 것이다"라는 말을 들을
때마다 나는 체기를 느낀다. 말하자면, 과연 '가장 한국적
인 것'은 세계적인 것이 될 수 있을까? 내가 이런 회의를 품
는 것은 '가장 한국적인 것'은 한국이라는 장소와 한국인의
정서를 떠나서는 존재할 수 없기 때문이다. '가장 한국적인
것'은 세계적인 보편성과는 항상 거리가 있기 마련이다. 특
수성이라는 말은 다른 것들로부터 이해받기 힘든 속성을
간직하고 있다는 말과 같다. 그러니까 동양만의 특수성을

바라보는 서구인의 호의적인 시선에는 인간과 세계를 이해하는 보편성에 대한 발견보다는, 자기와 다른 것에 대한 신기함 내지 판단을 유보한 수용의 태도에 가깝다. 어떻게 보면 자신들의 데이터베이스를 구축하기 위한 수집 차원의 이해라고 폄하해서 생각할 수 있으니, 그렇다면 도대체 가장 한국적인 것이 어떻게 가장 세계적인 것이 될 수 있는가, 하는 의문이 늘 남는다.

　문제는 또 있다. 우리가 '세계적인 것'이라고 말할 때의 '세계'란 과연 무엇일까? 라는 것이다. 우리가 '세계적'이라고 할 때 '세계'의 의미는 곧 서구적인 것, 서구가 인정하는 것, 서구적인 가치, 서구적인 논리로 설명할 수 있는 것이라는 의미가 저변에 깔려있다. 근대 이후 세계는 서구와 동일시되었다. 따라서 동양은 서구의 인정을 받아야 했고, 반면에 서구는 이해되는 것이 아니라 받아들여야 하는 것이 되었다. 이런 현상은 지금도 여전하고 오히려 더 강화되었다. 서구에서 유학하는 우리 학생들의 논문은 분야를 망라하고 우리 것, 즉 한국적인 주제를 다루지 않으면 통과하기 어렵다는 건 잘 알려진 사실이다. 좀 심하게 얘기하면 그들에게 한국 유학생은 자신(서구)의 데이터베이스를 구축하기 위한 좋은 정보 수집원에 불과하다. 그 대가로 학위가 주어진다. 실제로 그들의 입장에서 보면, 한국 학생이 아무리 똑똑하다 하더라도 서구 문화에 대해 제출하는 논문이 눈에 찰 리 없을 것이다. 한국적인 것을 이해하는 서구인들의 시각이 우리의 눈에 찰 리 없는 것처럼 말이다.

● 　　　　　　　　　　　서구인이 보는 한국 건축

한 예로 〈리틀 부다(1993)〉란 영화가 다루는 불교적인 시각은 그것이 이미 사고 속에 녹아 있는 우리 입장에서 보면 다소 밋밋한 것이 사실이다. 반면에 〈달마가 동쪽으로 간 까닭은?(1989)〉이란 영화는 서구의 입장에서는 아주 생경하면서 동양철학을 엿볼 수 있는 좋은 자료가 된다(이는 낯설게 느껴질 뿐 대단하다고 여기는 건 아니다). 서로 다른 문화권을 대하는 태도에는 도저히 넘어설 수 없는 차이가 분명히 존재한다. 그러니 "가장 한국적인 것이 가장 세계적"이란 말은 환상이다. 한국적인 것은 한국적이고 서구적인 것은 서구적일 뿐이다. 그 차이는 좁힐 수 없다.

　단지 우리가 기댈 곳은 유럽이든 아랍이든, 인간이기 때문에 다 같이 느끼는 가장 기본적인 이해이다. 가장 한국적인 것이든 가장 프랑스적인 것이든 우리는 똑같이 인간이라는, 인간성이라는 삶과 생활의 보편성 위에 서 있다.

이 보편성을 인식하지 않고서는 한국적인 것은 프랑스적인 것에, 프랑스적인 것은 한국적인 것에 아무런 영향도 주지 못한다. 그래서 역설적으로 자기 식대로 읽는 게 더 중요하다. 그 '자기 식대로'에 세계적 보편성이 존재한다. 가장 한국적인 대상보다는 그 대상을 읽어내는 방식, 그 가장 개인적인 방식으로 우리는 세계적인 보편성과 조우하게 된 것이다. 우리는 종묘에서 그 가능성을 읽을 수 있다.

서구인에게 한국의 건축은 거의 이해 불가능하다. 언뜻 생각해도 서구의 건축물은 그 형태가 굉장히 다양하다. 건축물 자체가 하나의 미학이고, 예술로서의 건축물이 분명히 존재한다. 그러나 한국의 고건축을 살펴보면 당사자인 우리도 뭐 이런 게 있나 싶을 정도로 모든 건축물이 천편일률적인 모습이다. 똑같이 생긴 기둥에 똑같이 생긴 지붕을 얹고 있어 서로 차이도 없고, 개별성이 존재하지 않는 듯하다. 우리가 그런데 서양인들은 오죽하겠는가? 그러나 거기에는 서양과 우리 사이 심각한 차이가 존재한다.

즉, 서양은 건축을 건축물 자체로 인식하지만 우리는 건축물이라는 개별성에는 거의 관심을 두지 않는다. 언제나 건축을 포함한 마당, 그리고 마당을 포함한 마을, 마을을 포함한 산세로, 건축의 영역이 광범위하게 확장된다. 따라서 우리 건축은 지형과 산세가 건축 디자인의 관건이

다. 예부터 풍수지리학이 중요하게 여겨진 이유도 그 때문
이다.

　　그러다 보니 자연히 건축물 자체의 형태는 지극히 단
순하게 처리되었다. 건축물을 짓는 지역에서 가장 손쉽게
구할 수 있는 재료를 사용하는 게 전부였다. 그러니까 기와
지붕의 날아갈 듯한 선이라든가, 하는 우리 건축에 대한 스
스로의 찬양은 사실 서구의 관점이다. 우리 건축의 처마선
과 기단, 재료의 사용은 전적으로 일사량과 강수량을 고려
한 자연과학적 대응이다. 우리 건축의 미학적 개념은 지형

과 산세를 고려하면서 이루어진다. 간단히 말하면 서구 건축은 집을 바깥에서 바라보면서 미학적 관점을 형성해 나가지만 우리 건축은 집안에서 바깥을 고려하면서 이루어진다. 그러다 보니 자연히 집안에 장식이 없다. 한국 건축의 장식은 바라다 보이는 풍경이 된다.

● 죽은 자의 집

___

종묘도 마찬가지다. 그러나 종묘는 좀 독특한 분위기를 지녔다. 건물 자체의 관점이 유난히 두드러진다. 일단 종묘는 단일한 건물 길이가 100미터가 넘는다. 그것도 일직선으로 이루어져 있다. 그리고 건물 길이를 한 변으로 하는 장방형이 지극히 단순한 마당이다. 마당에는 아무런 구조물도 없이 일정한 규격의 포석이 정연하게 깔려있다. 100미터가 넘는 한옥의 육중한 지붕과 그 지붕을 떠받친 열주들, 그리고 깊은 처마가 만들어내는 회랑의 어둠과 빈 마당으로 쏟아지는 햇빛은 종묘를 실재하는 대상이 아닌 것으로 만들어 놓는다. 거기에는 어떤 장식도 없음으로 모방하거나 표상하는 대상이 없다.

　매년 오월 첫째 주 일요일이면 종묘대제를 위한 어가

행렬이 경복궁에서 출발한다. 오월의 녹음 속에서 펼쳐지
는 원색 행렬은 취주대의 음악과 함께 울려 퍼진다. 나는
매년 돌아오는 이 날이 새해 첫날 같다는 착각에 휩싸인다.
어렸을 때 설에서 보름까지 이어지던 동네 꼬마들의 놀이
를 찾아볼 수 없게 된 요즘, 종묘대제는 그때처럼 나를 설
레게 한다. 어가 행렬은 장엄하다. 경복궁에서 출발해 광화
문을 나와 세종로를 따라 종로로 이어진다. 황색과 홍색 옷
의 취주대도 봄빛 같지만 문무백관의 복식은 정말 절묘한
배색이 아닐 수 없다. 그리고 그 색은 음악과 어울린다.

춤추면서 비웃는 듯한 쟁그랑 소리를 낼 때,

금속과 광석으로 이루어진 그 눈부신 세계는

나를 황홀하게 만든다, 그리고 나는 미칠듯이 사랑한다

소리와 빛이 한데 녹아든 그 사물들을

———

샤를 피에르 보들레르, 「보석」, 『악의꽃』,
민음사, 1974. 중에서

오월의 하늘 아래 소리와 빛이 한데 녹아드는 그 광경
이 바로 여기 있다. 장식은 이 행렬에서는 빛이 된다. 움직

이는 색채, 움직이는 빛. 이윽고 이 빛의 행렬은 종로 3가에 있는 종묘 하마비 앞에서 멈추고, 임금은 가마에서 내리고, 신하들은 말에서 내린다. 그리고 이제 막 잎을 피운 녹음 속으로 들어간다. 연녹 빛 이파리들의 축제 속으로 질서 정연하게 움직이는 색 잔치가 벌어지는 것이다. 녹색은 아주 미세한 움직임으로, 원색은 천천히 진행하며, 이 모든 색은 빛 속에서 빛 속으로, 죽은 자의 집을 향해 전진한다.

　건축물로서 종묘가 지닌 용도는 역대 조선 왕들의 신위를 모신, 말하자면 죽은 자의 집이다. 죽은 자의 집이므로 현실에 있지 않다. 종묘의 가장 극단적인 대비는 처마의 어둠과 마당의 빛이다. 그 빛과 어둠의 대비가 100미터 넘게 이어지면서 종묘는 사라져 버린다(이건 은유나 환상이 아니다). 이런 극명한 대비는 아무 때나 종묘를 찾아도 느낄 수 있지만 역시 녹음이 우거진 뙤약볕이 따가운 여름날이 좋다. 그러나 눈 내린 다음 날 아침 종묘는 그대로 종묘를 건축한 건축가의 작업 노트에 그려진 개념미술(conceptual art)의 드로잉이다. 그런 날 종묘는 지붕과 마당에 소복이 내린 눈으로 오직 회랑의 깊은 어둠만이 침묵하고 있다. 회랑의 어둠이 세계를 양분하고 있다. 빈 마당에서 술렁대는 춤과 음악, 그리고 색, 그것은 마치 이 세상의 것이 아닌 것 같다. 물질을 잃고, 출렁이는 물그림자 같은 것. 그 떨림.

자연의 아름다운 공간을 하나 떠올리자. 거기서는 모든 것이 아주 자유롭게 푸르고 붉으며 반짝이고 아롤거린다. 또 분자의 구성에 따라 다양한 색채를 갖는 사물들이 빛과 그늘의 움직임에 따라 순간마다 변하고, 열기의 내적인 작업에 영향을 받아 계속해서 떨림의 상태에 놓인다. 이 떨림이야말로 선을 움직이게 하고, 영원하며 보편적인 운동의 법칙을 완성한다.

————

샤를 피에르 보들레르, 「1846년 살롱」. 중에서

보들레르여, 그게 바로 여기 있다. 눈 내린 날 아침 종묘를 보면 왜 유네스코가 이 건물을 세계문화유산으로 지정했는지 이해가 간다. 다른 건물은 몰라도 종묘만큼은 서구인도 감탄하며 기꺼이 인정했을 것이다. 그곳에는 서구 예술이 오랜 시간 걸려 도달한 미니멀리즘의 미학이, 문화적으로 전혀 다른 곳에서 완벽하게 구현되어 있기 때문이다. 미니멀리즘은 서구 예술이 지속적으로 탐구한 실재와 예술의 관계를 부정하며 1950년대에 출발했다. 자연을 모방한 자연주의 예술과 개인의 심상과 대상의 원리를 파고든 인상주의, 그리고 실재를 왜곡하는 표현주의도 모두 대상의 모방이라는 관점을 견지한다. 그러나 미니멀리즘은 더는 대상을 모방하지 않고 창조한다. 미니멀리즘이 그리

는 건 대상의 모방이 아니라 대상 그 자체이다. 미니멀리즘
은 어쩌면 대상을 창조하고자 하는 욕망일지도 모른다. 장
식을 극도로 배제하면서 모더니즘의 단순함을 끝까지 밀어
붙여 대상과 예술의 관계를 재정립하려고 한 모더니즘은,
그러나 실패한 실험이었다. 왜냐하면 미니멀리즘은 단순한
방법이 아니라 예술과 삶의 태도에서 이루어지기 때문이
다. 서양은 미니멀리즘의 방법론까지 도달했지만 인식론은
태도의 문제가 결여되어 있었다.

그러나 일찍부터 예술을 삶의 태도의 한 부분으로 생
각했던 우리의 인식 속에서 미니멀리즘은 성리학이 이 땅
에 들어 온 이래로 자연스러운 일이었다. 저 가지 끝에서는
굳이 떠올릴 필요 없는 지하의 뿌리와 같은 것이다. 조선은
고려시대 장식미술의 극점을 넘어 성리학을 받아들여 학문
적 태도와 예술의 방법, 그리고 삶과 언어에 이르기까지 최
소주의를 최고의 가치로 삼았다. 고려 미술의 화려함이 조
선 백자의 단순함을 낳았다고 나는 생각한다. 성리학이 불
교의 영향을 받으면서 전혀 다른 길로 갔듯이, 고려의 장
식미술에서 장식을 철저하게 부정하는 조선의 태도가 나온
것이다.

종묘가 서양인 눈에도 확 들어올 수밖에 없는 것은 그

것이 가장 한국적이어서가 아니라 종묘의 한국적 특수성
속에 이미 삶의 보편성이 깊이 내재해 있기 때문이다. 그
것은 서구의 미니멀리즘과는 상관없이 삶과 죽음을 읽어내
는 우리의 방식에 존재한다. 불국사 축대는 아무렇게나 생
긴 돌을 이리저리 맞추어서 정교한 짜임새를 낳았다. 이것
은 20세기 초 유럽의 초현실주의자들이 숭앙해 마지않던
브리꼴라쥬(bricolage) 기법(의도하지 않은 모양을 짜 맞춰 뭔가를
만들어내는 기법)과 내밀하게 연관된다. 그런 사조가 있었느
냐 없었느냐 하는 문제가 아니라, 영국인이든, 중국인이든,
한국인이든, 우리는 거기에서 삶의 공통분모를 발견한다.
특수성과 보편성을 연결하는 삶의 가장 본질적인 태도, 이
러한 건축을 나는 종묘에서 본다. 종묘는 참, 위대하다. 이
봄 우리는 종묘로 가자.

많은 이야기가
담배 연기처럼

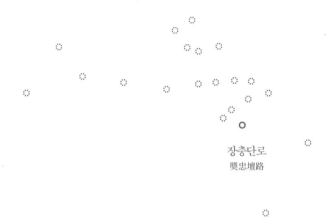

장충단로
獎忠壇路

1990년 재일 설치 미술가 최재은에 의해 경동교회의 옥상
에는 대나무가 빽빽이 심겨졌다. 나는 그때 경동교회가 새
롭게 태어나는 모습을 보았다. 푸른 대나무들로 꼿꼿이 된
경동교회는 "부정형의 벽들을 하늘 위의 한 점을 정하여 하
나로 이루어지게 하고, 그 형성된 벽들의 외부를 하나하
나 부서진 벽돌을 사용하여, 성전을 짓기 위한 인간의 고뇌
와 노력을 부조하듯이 새겨갔다. 인간만의 순수한 뜨거움
이 느껴지도록 하려는 뜻에서였다."고 한 건축가 김수근의

말처럼 신을 향한 고딕의 간구 그 자체로 보였다(일본 꽃꽂이 공예의 대가인 데시가하라 밑에서 디자인과 꽃꽂이를 배운 최재은은 성철스님 사리탑을 만들었다). 최재은의 작업은 마치 이 건물을 설계한 김수근의 마지막 의도처럼 그렇게 장충단로의 하늘을 향해 가시 면류관처럼, 부정형으로 뻗어 나갔다.

●   장충단

장충단 길은 남산 국립극장에서 동대문까지 뻗어 있다. 그 동쪽으로는 서울 성곽이 평행하게 뻗어 있다. 이 길이 장충단로란 이름을 얻게 된 것은 물론 장충단 때문이다. 장충단은 지금의 신라호텔 자리에 있었다. 일제에 의해 명성황후가 시해되었을 때 순국한 훈련대장 홍계훈과 궁내부대신 이경직공의 혼령을 위로하기 위한 제단이 장충단이다. 말하자면 대한제국의 현충원과 같은 곳이었다. 1910년, 경술국치 이후 일제는 이곳을 의도적으로 훼손해 이토 히로부미伊藤博文의 영혼을 추모하는 사찰인 박문사博文寺를 짓고, 그것도 모자라 조선왕조 역대 임금들의 어진을 모시던 경복궁 선원전을 옮겨다 본전과 부속 건물을 지었다. 또 경희궁의 흥화문을 뜯어와 박문사의 대문으로 세웠다. 장충단

자리에 무슨 마가 끼었는지, 이 자리는 기구한 역사를 간직
하고 있다.

원래 장충단은 조선 시대 어영청御營廳 소속 수도방위
5군영 중의 한 분영인 남소영南小營이 있던 자리였다. 그
러나 소영小營이란 이름과 달리 194칸의 대규모 청사를 갖
추었으며 영내에 별도로 52칸의 화약고, 북쪽으로 137칸
의 남창南倉을 거느리고 있었다. 작은 군영인데도 이런 규
모를 갖춘 데는 이유가 있었다. 남소영의 본영인 어영청은
1623년 인조仁祖가 정변을 일으킨 바로 그 해, 새로 떠오르
는 후금後金에 맞서 정벌을 준비해야 한다며 설치한 군사
기구였다. 하지만 실제로 그렇게 사용되지는 않고 있다가
1652년 효종孝宗 때에야 이완李浣 장군을 어영대장으로 임
명하고 북벌의 중심세력이 되었다. 그러나 효종의 생각과
달리 신하들에게 북벌은 하나의 당파의 명분을 내세우기
위한 방편에 불과했고, 따라서 북벌에 대비한 모든 군사체
제도 그 의미를 잃어갔다. 자연히 남소영도 그 본래의 의미
를 잃어갔다.

지금 우리가 당시의 남소영을 조금이라도 짐작 할 수
있는 근거가 되는 것이 김홍도가 그린 남소영 풍경이다. 그
런데 거기에 군사들은 없고, 뜬금없이 연회가 진행되고 있
다. 청 정벌의 꿈이 좌절되면서 남소영은 한 갓 연회장소

로 이용되었다. 그리고 1894년 남소영은 폐지된다. 수백 칸의 전각들은 어찌 되었는지 모르지만, 장충단이 설치된 고종황제 때는 남쪽 기슭의 백운루白雲樓만이 스산하게 남아 있었다고 전한다. 이렇게 북벌의 꿈이 깨지고 같은 자리에 다시 나라를 위해 목숨을 바친 인물을 기리는 숭고한 뜻이 들어선다. 고종황제는 황태자 순종에게 〈獎忠壇〉 세 글자를 쓰게 하고 민영환閔泳煥의 글로 비석을 세웠다. 이렇게 대한제국의 현충원인 장충단이 태어났다. 장충단은 그 후에도 일제에 저항한 인물들을 계속 배향함으로써 대중들의 지지를 받았고, 반일의 뜨거운 상징이 되었다. 그 당시의 민중들은 장충단을 이렇게 기렸다.

남산 밑에 지어진 장충단. 저 집 나라 위해 몸 바친 신령 모시네.
태산 같은 의리에 목숨 보기를 터럭같이 하도다.
장한 그 분네.

———

〈한양가〉 중에서

그러나 이러한 기개는 다시 일제에 의해 접혀야 했다. 일제는 이 뜨거운 상징을 불편해했다. 1908년부터 제사가 금지됐고, 경술국치 이후에는 아예 비석을 들어내 숲속에 버렸으며 사전祀典과 부속 건물을 폐쇄했다. 민족정기를 말살하기 위한 일제의 탄압은 거기서 그치지 않았다. 3·1민족해방운동에 당황한 일제는 장충단 일대를 공원으로 지정하고 벚꽃 수천 그루를 심고 광장, 연못, 어린이놀이터, 다리를 시설하여 '뜨거운 상징'을 놀이공원화했다. '공원'이라는 말 자체야 무슨 죄가 있겠느냐마는, 지금 우리가 아무 의식 없이 공원이라고 하는 말에는 일정 부분 일제의 의도가 숨어 있다. 사직단은 그냥 사직단일 뿐이다. 장충단은 그냥 장충단일 뿐이다. 군이 거기에 공원이라는 이름을 붙일 필요가 없는데도 우리는 계속 아무 생각 없이 공원이라고 한다. 사직단을 공원이라고 부를 때, 그 장소의 역사성은 사라져버린다. '이름 붙이기'가 중요한 이유이다. 이름은 역사를 지우기도 하고 새로운 역사를 만들기도 한다.

그럼 이제 장충단 터의 불운은 끝난 것일까? 그렇지 않다. 이토 히로부미를 기리기 위해 세워진 박문사는 해방 후 동국 대학교의 기숙사로 쓰이다가 1945년 11월 화재로 전소되었다. 그 후 1946년 군이 창설되어 각지에서 전사한 장병들을 서울 장충사獎忠祠에 안치하므로 해서 장충단은 잠시 그 본래의 자리로 돌아가는 듯했다. 그러나 1956년 동작동 국립묘지가 세워지자 다시 그 기능을 상실했다. 그

리고 박정희가 등장한다. 이 시기 장충단 터에는 중앙공무
원교육원, 반공연맹회관, 재향군인회관, 국립극장 등의 건
물이 세워졌다. 심지어 박정희는 영빈관 부지 약 2만 8천
평을 삼성그룹의 계열사인 (주)임페리얼에 헐값인 28억 4만
420만 원에 팔아 버린다(이 회사는 계약이 끝난 후 없어진다). 그
리고 1973년 11월 1일 (주)호텔신라 기공식이 열린다. 설계
와 시공을 일본의 다이세이大成 건설(주)이 맡았다. 기가 막
힌 것이, 이 회사의 전신이 약 40년 전 장충단을 파괴하며
박문사를 시공하면서 경복궁 선원전과 경희궁 흥화문을 해
체하여 옮겼던 바로 그 오쿠라쿠미 토목(주)이라는 회사였
던 것이다. 알다시피 현재 신라호텔의 주 고객은 일본인이
며, 2004년 일본의 자위대 창설 50주년 행사를 개최한 장소
이기도 하다. 참담한 것이, 얼마 전에는 한복을 입은 한국
인의 출입을 금지해 물의를 빚기도 했다. 이토 히로부미를
숭앙하는 일본 극우세력과 신라호텔 자리의 관계가 의심스
러워지는 대목이 아닐 수 없다. 그리고 신라호텔을 지나 동
호로를 건너면 수많은 원조 족발집이 있고, 그 아래에 경동
교회가 나타난다.

경동교회가 장충동 로터리에서 동대문으로 가는 길목에 등장한 것은 1981년이었다. 이미 1962년에 김정수의 설계와 최종완의 구조설계로 장충체육관이라는 대공간을 만든 한국 건축이 미학적으로도 일정한 수준에 도달했음을 잘 보여주는 예가 경동교회다. 이미 1971년에 마산성당에서 보여준 김수근의 어휘들이 곳곳에서 발견되지만, 경동교회는 전통에 대한 경도를 거친 70년대에서 막 벗어나 말년의 다양성을 실험하던 김수근의 역작임은 틀림없다. 마치 거대한 무덤을 연상시키는 조형성도 뛰어나지만, 내부 공간의 드라마틱한 구성도 돋보인다. 그러나 경동교회에서 가장 돋보이는 대목은 역시 외부공간의 운영에 있다. 도심에 있는 교회인 만큼 자칫 폐쇄적일 수 있는 외부를 건축가는 전정前庭을 개방하여 사람들의 출입을 자유롭게 배려하는 것으로 커뮤니티로서의 교회의 이미지를 부각했다. 그리고 그 커뮤니티는 곧바로 예배당으로 가는 언덕에서부터 종교적인 이미지로 자연스럽게 전환되어 본당에 서게 되고, 다시 그 길은 옥상으로까지 이어져 탁 트인 하늘을 지붕으로 하는 옥상 교회와 이어지면서 절정을 이룬다.

　　인간과 인간, 그리고 신과 인간의 대화를 김수근은 출

입구와 본당의 입구를 수평적으로는 서로 반대편으로 분리하면서, 그리고 수직적으로는 위아래에 자리함으로써 신의 고난을 상징하는 언덕을 형성해 아주 고전적인 영성을 불러일으키려고 했다. 그래서 누구나 경동교회의 본당을 가려는 사람은 예수가 십자가를 메고 오르던 골고다 언덕을 올라야 한다. 거기에 걸맞게 언덕을 따라 세워진 벽에는 그리스도의 고난을 상징하는 14처가 부조되어 있다. 그리고 그 언덕의 끝에서 우리는 다시 두 가지 길과 만나게 된다. 하나는 자신이 온 길을 다시 내려가는 방향의 끝에서 만나는 저 높은 곳에서 제단으로 떨어지는 빛을 만나러 가는 길이고, 다른 하나는 언덕에서 계속 이어지며 또 하나의 교회로 가는 원형 계단의 길이다.

그런데 보통 하늘교회로 칭해지는 이 옥상으로 통하는 길이 요즘에는 교회 측의 사정으로 막혀있었다. 전정에서부터 골고다의 언덕을 통해 마지막 하늘교회로 이어지는 이 길이 막혀있는 것은 내내 아쉬웠다. 마치 중요한 만찬에서 소외된 것 같은 느낌으로 장충동 길을 걸으며 다시 한번 경동교회를 뒤돌아보았다. 비록 초대받지 못했어도 아름다울 것 같은 만찬이 아직도 유효하게 서 있었다.

장충단은 서울성곽을 따라 걷는 길과 겹쳤다가 헤어

졌다 다시 만나는 길이다. 그리고 거기에는 청나라를 향한 복수와 나라를 지키다 장렬하게 산화한 이들에 대한 숭모와 일제의 찬탈, 그리고 친일의 잔재까지 이 모든 것들이 겹치고 풀어졌다 묶이는 길이다. 절대 길지 않는 이 길에서 일어난 많은 이야기가 담배 연기처럼 풀어진다. 지나가는 사람들이 아직도 길에서 담배를 피우는 사람이 있어, 하는 얼굴로 다들 싫어한다. 담배를 부벼끄고 나니 쓰레기통이 보이지 않는다. 할 수없이 꽁초를 들고 걷는데 뭇행인들의 눈총이 느껴진다. 거리가 나를 자꾸 죄인으로 만든다.

언덕이 조개로 덮여

충정로
忠正路

우리는 남대문, 동대문, 숙정문의 위치는 잘 알지만, 서대
문이 어디 있는지 아는 사람은 없다. 당연한 것이 서대문
은 지금 사라지고 없다. 서대문이 어디 있는지 모르지만 우
리는 서대문 근처 하면 누구든지 잘 알고 있다. 신기한 일
이 아닐 수 없다. 이는 우리의 독특한 지리 관념에서 비롯
된다. 서양인은 선적인 길 찾기를 하고 한국인은 점적인
길 찾기를 한다. 서양의 가로 중심의 길 찾기는 가로를 따
라 대상을 순차적으로 나열한다. 그러나 점적인 길 찾기는

선적인 과정이 생략되어 있다. 아는 길도 물어가라는 옛말은 점적인 길 찾기의 길 없음, 즉 길이 없기 때문에 모든 것이 길이 될 수 있는 복잡한 체계에 대한 경고다. 우리에게 이런 지리 관념은 지금도 뿌리 깊다. "홍대 앞에서 보자.", "응. 거기로 와.", "전에 만났던 데서 보자." 도대체 홍대 정문은 어디고, 정문 앞은 어디를 말하는가? 거기는 또 어디인가? 암호인가? 전에는 어제인가, 한 달 전인가, 일 년 전인가? 이 모호한 경계를 타고 우리는 한 치의 틀림도 없이 꼭 거기서 만난다. 오랜 씨족 공동체 사회를 겪으면서 우리에게는 타인과의 유대가 강화된 것이다. 이 오랜 유대를 깨고 가로중심의 선적인 길 찾기가 도입됐다. 어떤 결과를 가져올지 자못 궁금하다. 어떤 이는 그러면 우리는 랜드마크적인 길 찾기를 하는 건가, 생각할 수도 있지만 그렇지 않다는 것을 서대문은 잘 보여준다.

서대문 자리는 두 가지 설이 있다. 하나는 사직단에서 독립문 쪽으로 넘어오는 길 어디라는 설과 지금 정설로 받아들여지는 경향 신문사 사옥 어디라는 설이다. 서대문의 정식 이름은 돈의문敦義門이다. 돈의문은 1396년(조선 태조 5년) 한양 도성의 제2차 축성 공사가 끝나고 8문이 완성되던 때 처음 세워졌다. 유학에서 말하는 사단四端 중에 의義를 강조한 문이다. 그러나 이 문은 1413년(조선 태종 13년)에 폐쇄되었고, 대신 그 북쪽에 서전문西箭門을 새로 지어 출입하게 하였다. 그리고 1422년(조선 세종 4년)에 다시 서전문을 헐고 돈의문을 수리하였고, 1711년(조선 숙종 37년)에 다시 지었다. 그 후, 모두 알다시피 1915년 일제에 의해 강제 철거되었다. 그러니까 서대문이 없어진 것은 불과 100년 전일이다. 적어도 누군가의 할아버지는 그 길로 다녔다는 말이다. 그런데도 우리가 서대문 자리를 헷갈리는 것은 아마도 서전문 터 때문일 것 같다. 그런데 지금 이 두 문의 자리가 다 사라졌다. 장소의 기억이라는 것이 이렇게 허무하다. 이렇게 없는 자리에서 우리는 지금 서대문이라는 장소를 영위하고 있으니 또 참으로 신기하다. 서대문 자리는 그 누구도 모르지만, 서대문 지나서 어디라고 말하면, 아 거기, 하고 알아듣는다.

충정로는 누구도 모르는 서대문 바깥에 자리한다. (이 글을 쓰고 있는 자신도 충정로라고 말하지만, 서구적인 의미에서 충정로를 이야기하고 있지 않다는 것은 다 눈치챘으리라. 나 역시 우리의 모호한 지리 관념 그대로 길을 중심으로 그 지역을 섞어서 얘기하고 있다). 서대문이 어딘지는 모르지만, 우리에겐 그것을 짐작하게 해주는 귀중한 지도가 있다. 그런데 이 또한 지도는 지도인데 회화다. 회화는 회화인데 지도다. 우리에겐 창과 문의 구분이 모호하고(없는 게 아니다) 방의 기능이 섞이고,

길과 지역이 얽혀 있다. 아무튼 그 회화이자 지도고, 지도
이자 회화인 것이 바로 19세기에 그려진 〈경기감영도〉이
다. 누가 그린 것인지는 모르지만 당시 서대문 밖의 풍경을
정확히 묘사해 놓고 있다.

　이 그림을 바탕으로 경기 감영이 지금 한국적십자 병
원이라고 추정한다. 그렇다면 서대문은 역시 경향신문사
건물 정도의 네거리에 위치한 게 맞을 것이다. 그리고 그
림 속의 지금의 충정로는 그 서대문 밖에서 경기감영을 지
나 경교를 건너 서지西池 인근을 지나 지금의 아현 삼거리
못 미친 곳까지 나타난다. 백악, 인왕, 삼각산의 연봉들 아
래로 넓게 펼쳐진 서대문 밖의 전경은 높은 데서 바라보는
부감법으로 넓게 펼쳐지고, 건물들은 오른쪽 위에서 왼쪽
아래를 향하는 사선 방향의 평행 투시도법으로 표현되어
있다. 산의 표현에서는 토산은 부드러운 붓질을 겹쳐 미점
을 찍어 표현했고, 바위산은 붓으로 쓸어내린 듯이 묘사되
어 있다. 이 그림의 가장 중요한 재미는 오른쪽으로부터 제
3폭에서 제6폭 하단에 걸쳐 진행되고 있는 경기감사의 긴
행렬이다. 눈, 코, 입이 분명하게 그려진 인물은 분명 경기
감사일 테고, 악대와 따르는 인물들, 그리고 이를 구경하
고 있는 어른과 아이들 역시 생동감 있게 표현되었다. 건물
의 상세한 표현, 골목길의 정황들, 하나하나 일일이 살펴

보진 못했지만 그림의 소개에는 다음과 같이 적혀 있다.

"이를테면 소나무 밑에서 한가로이 쉬고 있는 갓 쓴 선비들,
자연스런 포즈로 잡담을 나누는 포졸들, 관아 앞에서 대기 중인
말과 마부들, 물동이를 이고 가는 아낙네들, 동자를 데리고
말 타고 가는 선비, 가위 든 엿장수, 지게 진 인물들이 그려져
있으며, 그 밖에도 논밭에서 일하는 농부들, 새참을 머리에 이고
가는 아낙네들, 논두렁을 달려가는 개의 모습 등은 마치 당시의
실제 정경이 눈앞에서 펼쳐지는 듯 이 그림을 보는 이에게
실감나게 다가온다. 지금의 서대문 4거리 남동쪽 모서리에 있는
'신약국'이라는 간판이 보인다. 주변 어딘가에 전부터 약국이
있고 새로 네거리 모서리에 또 다른 약국이 생겼던 모양이다."

이 그림을 보며 충정로의 옛 모습을 상상하는 것은 즐
겁다. 그러나 시간이 흘러 일제가 조선 침략의 야욕을 드
러내며 가장 먼저 조선 땅에 상주할 공관을 둔 자리도 바로
여기다. 경기감영 옆의 당시 경기중영京畿中營이라는 군영
안에 있던 청수관淸水館에서 일본인은 조선을 요리할 계획
을 세웠다. 서대문 앞, 바로 도성도 아니고, 도성 아닌 곳

도 아닌 곳에서 일본은 야욕의 칼을 갈고 있었다. 그 후 임오군란이 일어나자 청병淸兵이 서울에 들어와 군란을 진압한 뒤, 일본은 조선 정부로부터 피해 배상을 받아냈다. 드디어 도성 안, 교동 박영효의 집을 매수해 정식 공사관 건물을 짓기 시작했다. 그러나 지금의 관훈동 경인미술관 자리에 지어진 새 공사관이 준공된 지 한 달 뒤에 갑신정변이 일어났고, 교동의 새 일본 공사관은 잿더미가 되었다. 그 후 일본은 임오군란 때 불탔다가 재건된 청수관을 다시 임시 공사관으로 썼다. 일본이 한국을 강점한 뒤, 경성부는 그 일을 '기념'해 청수관 앞길과 주변 동네, 즉 지금의 충정로 일대를 '다케조에마치'竹添町라고 불렀다. 최초의 일본인 동네가 서울에 생긴 것이다.

그리고 1905년 을사늑약이 체결되었다. 조선에 이권을 노리고 진출했던 열강들이 속속 떠났고, 거기에 프랑스도 있었다. 1886년 조선과 정식으로 수교한 후 관수동에 자리를 잡은 프랑스 공관은 1889년 지금의 창덕 여자 중학교 자리로 옮겼다. 그러다 1896년 중국에 있던 프랑스 건축가 쌀르벨르를 불러 지어진 프랑스 공관은 붉은 벽돌의 프렌치 르네상스식 건물로 지상 2층에 탑옥까지 있어 실제로 지상 5층 높이였다. 바로 고종이 머물던 경운궁을 내려다 볼 수 있는 높이였다. 당시 양관 중에서 가장 화려한 건물이었던 이 건물은 1935년 일제에 의해 헐리고, 1910년 프랑스 공관은 지금의 합동으로 옮겨 온다. 한국의 주권 상실과 제2차 세계대전의 영향으로 국교가 단절되었다가 1949년 재개되었다. 지금의 프랑스 대사관 건물은 그 후 10년이 지난 1959년 프랑스 정부가 설계를 공모하여 응모된 7개의 작품 중 김중업 선생의 안이 채택되어 지어진 건물이다.

굴레방 다리에서 충정로로 접어들어 경의선 철도 다리에서 혹시, 하고 길 건너 오른쪽 위를 바라보면 우리는 흠칫, 놀랄 것이다. 왜냐하면 우리 시선을 느낀 무언가가 산꼭대기에서 금방이라도 날아오를 것처럼 활짝 날개를 펼치는 모습을 볼 수 있기 때문이다. 하늘을 이고 날개를 활짝 편 채 비상하려는 새의 날갯짓처럼 아름다운 곡선을 가지고 있는 지붕, 그것이 저 유명한 꿈과 자유의 건축가 김중업이 설계한 프랑스 대사관이다.

대사관 건물이라서 쉽게 접근할 수도 없고, 밖에서도 잘 보이지 않지만 프랑스 대사관 지붕은 아래에서 위를 바라보게끔 자리하고 있어 지붕의 유려한 곡선이 더 잘 드러난다. 설계자인 김중업은 이 경사진 대지의 특성을 충분히 활용해 우리의 전통 건축이 보여주는 처마 곡선을 한껏 강조한다. 이 건물이 지어진 1964년의 우리 문화계는 전통에 대한 논의가 활발하게 이루어지고 있을 때였다. 당연히 지식인은 우리 문화의 정체성에 대해 고민하지 않을 수 없었을 것이다. 그리고 그 고민은 80년 초까지 지속해서 이루어지며 연극, 미술, 문학, 건축, 음악 등에서 다양하게 실험되어 왔다. 이는 실험 대상이 현대라는 조건과 어떻게 결합하느냐 하는 방법적 모색이다. 행복하게도 한국의 건축계는 김중업이라는 건축가가 있었기에 비교적 일찍이 그 해답의 실마리를 풀어나갈 수 있었고, 그것은 프랑스 대사관으로 실현되었다. 이 작품으로 김중업은 1900년대의 식민지 상황과 6·25전쟁의 소용돌이로 인해 혼돈을 겪던 한국의 건축적 상황에서 서구의 모더니즘을 우리의 방식으로 새롭게 해석해낸 최초의 건축가가 되었다.

1922년 평양에서 태어나 근대건축의 4대 거장 중의 하나인 르코르뷔지에의 사무실에서 일하던 그는 귀국해서 불모지인 한국의 건축 상황을 개척해 나갔고, 타협할 줄 모르는 성격으로 당시 군사정권에 의해 1971년 해외로 추방당했다가 다시 귀국하는 등 우여곡절을 겪었다. 불란서 대사관은 추방당하기 전에 설계한 건물로 스승이었던 르코르뷔지에의 영향에서 막 벗어나 독자적인 세계를 개척한 첫 작품이었다. 당시에는 낯선 재료였던 노출 콘크리트의 소조성을 한껏 살리면서 현대성을 담보해내고, 경사진 대지의 자연의 조건을 그대로 이용하면서 전통 공간을 재현해냈다. 어쩌면 한국 현대 건축은 불란서 대사관에서부터 시작한다고 해도 과언이 아닐 정도로 당시 이 작품은 신선한 충격이었다. 그리고 그 충격은 한국에서만 그치는 것이 아니었다. 건물이 완공되자 프랑스 정부는 작품의 높은 예술성을 인정하고 김중업에게 문화훈장을 수여했다. 당시 문화부 장관이었던 앙드레 말로는 영화감독인 장 뤽 고다르에게 다큐멘터리를 제작하게 한다. 아마도 영화하는 사람은 누벨바그의 악동인 고다르가 건축 다큐멘터리를 제작했다는 것에 놀라움을 금치 못할 것이다. 그만큼 프랑스 대사관이 가지는 의미는 세계적인 것이었다.

그러나 지금 프랑스 대사관은 사람들에게 감탄을 자아내던 지붕이 노후했다는 이유로 철거하고 다른 지붕을 올려서 이 건물을 사랑하는 사람들을 아쉽게 한다. 하지만 거장의 숨결이 어디 그렇게 쉽게 가시는 것이겠는가? 여전히 불란서 대사관은 경사지의 아름다운 자연에 순응하며 그 빛을 발한다. 이 아름다운 건물이 있는 곳이 바로 조개산이라 불린 합동 언덕이다. 이곳이 조개산으로 불린 이유는 서소문 밖 시장과 밀접한 관련이 있다. 마포강에서 싣고 온 어물들은 서소문 밖 시장에서 팔렸는데, 특히 각종 건어와 조개가 많았다. 건어는 그렇다 쳐도 조개는 먹으면 껍데기가 남는다. 사람들이 먹고 버린 조개껍데기를 버리는 곳이 잔톨박이 고개 입구, 즉 현재 프랑스 대사관이 있는 언덕이었다. 언덕이 조개로 덮여 조개산이라 불렸으니 그 성시가 짐작이 간다. 그러고 보니 프랑스 대사관도 어쩐지 조개껍데기의 유연한 곡선을 닮은 것 같다.

접근하기가
상당히 어려운

자하문로
紫霞門路

머언 산 청운사靑雲寺

낡은 기와집.

산은 자하산紫霞山

봄눈 녹으면

느릅나무

속잎 피어 가는 열 두 굽이를

청노루

맑은 눈에

도는

구름

———

박목월, 「청노루」, 『청록집』, 을유문화사, 1946. 중에서

　　처음 효자동에서 자하문을 보았을 때, 나는 박목월 시에 나오는 자하산이 분명 여기일 거라 생각했다. 도가적인 전원 풍경을 묘사한 곳이 바로 여기가 아니라면 실망할 것만 같았다. 적선동에서부터 아주 완만한 경사로를 따라 인왕산과 북악을 둘러보며, 청운동에 이르러 가파른 고갯마루 위에서 만나는 문. 자하문은 마치 다른 세상으로 통하는 입구처럼 서 있었다. 그리고 그 고개를 넘어서 만나는 풍경은 정말 붉은 안개에 가려진 마을처럼 부암동의 전경이 펼쳐져 있었다. 나에겐 적선동에서 세검정까지가 「청노루」의 무대였다.

　　그런데 나의 이런 생각이 아주 틀린 것만은 아닌 것이 박목월은 '자작시 해설'이라는 부제가 붙은 자신의 책 『보

랏빛 소묘』에서 자신의 시에 대해서 이렇게 말하고 있다.

"이 작품이 발표되자 '청노루'가 과연 존재하느냐 하는 의문을
가지는 분이 있었다. 물론 푸른빛 노루는 없다. 노루라면
누르스름하고 꺼뭇한 털빛을 가진 동물이지만, 나는 그
누르스름하고 꺼뭇한, 다시 말하자면 동물적인 빛깔에 푸른빛을
주어서 정신화된 노루를 상상했던 것이다. 참으로 오리목 속잎이
피는 계절이 되면 노루도 '서정적인 동물'이 될 것만 같았다.
또 청운사나 자하산이 어디 있느냐 하는 것도 문제가 되었다.
어느 해설서에 '경주 지방에 있는 산 이름'이라고 친절하게
설명한 것을 보았지만 이것은 해설자가 어림잡아 설명한 것에
불과하다. 기실은 이 세상에 존재하지 않는 완전히 내가 창작한
산명이다. 나는 그 무렵에 나대로의 지도를 가졌다……"

박목월, 「보랏빛 소묘」, 신흥출판사, 1959. 중에서

그러니 독자로서 '나대로의 지도'를 가지고 '자하산紫霞
山'을 자하문紫霞門 근처로 그려보았다. 종로구 청운동에서
부암동으로 넘어가는 고개에 있는 자하문紫霞門의 본래 이
름은 창의문彰義門이다. 도성의 북문인 숙정문肅靖門에서 서

쪽으로 능선을 따라 내려오면 있다. 여기서 잠깐 숙정문에 대해서 알아보자. 숙정문의 원래 이름은 숙청문肅淸門이었다. 서울의 사대문은 유학의 가장 기본적인 덕목인 인의예지仁義禮智를 숭상한다는 의미에서 남문은 禮를, 동문은 仁을, 서문은 義를 상징한다. 그런데 북문에 들어가야 할 지智자가 이상하게 빠져있다. 정도전은 왜 도성의 북문에서 '지'자를 빼고 숙정문이라고 명명했을까? 거기에는 제왕에 대한 정도전의 가르침이 숨어 있다. 숙정肅靖은 엄하게 하여 편안한 상태로 바로잡는다는 뜻이다. 사단四端에서 지智는 시비지심是非之心을 뜻한다. 시비지심은 옳고 그름을 가리는 마음이다. 그리고 북쪽은 군왕이 남으로 향하여 앉는 자리다. 제왕의 자리

이므로 당연히 제왕의 智는 엄하게 다스려 옳고 그름을 명
확히 해야 마땅하다. 정도전은 그런 의미에서 도성의 북문
을 숙정문肅靖門으로 명명했다. 제왕은 어리숙해서도 안 되
고, 힘으로만 해결하려고 해서도 안 되며, 한없이 인자할
수만도 없는 자리다. 그래서 항상 정확하고 냉정히 옳고
그름을 가려 공정하게 다스려야 한다. 그것이 정도전의 의
도였다. 숙정문의 '지'는 보편 덕목으로서의 '지'
가 아니라 제왕의 '지'였던 것이다. 그래
서 그런지 이 문은 함부로 드나들지
못하게 건립된 지 18년 만에 폐쇄
된다. 문 앞에 소나무를 심
어 통행을 금

지했다. 이때 창의문도 같이 폐쇄되었다. 태종 13년(1413) 최양선崔揚善이라는 풍수가 백악산 동령東嶺과 서령西嶺은 경복궁의 양팔에 해당하므로 여기에 문을 내어서는 아니 된다고 하여 동령에 있는 숙청문과 서령에 있는 창의문을 막을 것을 청했다. 조정에서는 이 의견을 받아들여 두 문을 같이 폐쇄했다.

자하문은 창의문의 속칭이다. 창의문이 자하문으로 불린 것은 창의문이 있는 청운동 지역이 옛날에는 '자하골' 로 불렸기 때문이다. 조선의 개국으로 개성에서 한양으로 이주한 사람들은 두고 온 고향이 그리웠나 보다. 이곳을 골 이 깊고 수석이 맑아 개성의 자하동처럼 아름답다고 하여 자하골이라고 불렸다. 여기서 우리의 재밌는 지리인식을 엿볼 수 있는 게, 버젓이 '창의문'이란 현판을 가진 문이 있 는데도 우리는 '자하골'이라는 지명을 따서 '창의문'을 '자하 문'이라고 부른다. 그리고 '창의문'은 장의문莊義門 혹은 藏義 門이라고도 하였는데, 그로 해서 청운동·적선동 일대를 장 의동莊義洞, 줄여서 장동莊洞이라고 했다. '창의문彰義門'이 라는 이름이 다른 이름으로 전용되면서 이번엔 동네 이름 이 그걸로 불리는 것이다. 동네 이름이 문 이름으로, 다시 문 이름이 (더 범위가 넓은 지역을 가리키는) 동네 이름으로 불 린다. 이것으로 그치지 않는다. '창의문彰義門'의 또 다른 이름인 '장의문藏義門'은 성 밖 신영동에 있던 장의사藏義寺의 이름에서 연유한 것이다. 이쯤되면 뭐가 뭔지 뒤죽박죽인데, 참 신기하게도 그 이름들이 적재적소에 쓰인다.

그리고 창의문彰義門이거나, 장의문藏義門이거나, 장의문莊義門이거나, 자하문紫霞門을 넘으면 부암동의 도가적인 전원풍경이 자하문로 골짜기를 중심으로 좌우로 은은하게 펼쳐진다. 길을 가면 갈수록 숨어 있다 나타나는 풍경들 내가 부암동을 좋아하는 이유다. 그 숨은 풍경에 환기 미술관이 있다. 환기 미술관은 그 유명세에 비해 접근하기 어려운 곳이다. 자하문을 넘어 부암동사무소를 지나 더 깊숙이 들어가면 그제야 두 개의 둥근 지붕이 보인다. 얼핏 그 외형만 보아도 칸Louis Kahn(1901~1974)의 킴 벨Kimball 미술관의 강한 영향력이 짐작되는 환기 미술관은 수화樹話 김환기가 작고한(1974) 후 미망인 김향안에 의해 설립된 환기 재단이 발판이 되어 1992년 11월에 건립되었다. (김환기의 미망인인 김향안은 시인 이상의 부인이기도 하다. 이상의 부인이었을 때의 이름은 변동림이었으나 이상이 죽고 나서 김환기와 결혼하면서 이름도 바꿨다).

루이 칸의 킴벨 미술관이 정적이면서 남성적이라면 환기 미술관은 동적이면서 여성적이다. 특히 부암동 골짜기의 깊숙한 곳에 감춰진 둥근 볼트 지붕은 아이에게 젖을 먹이기 위해 부끄럼 없이 가슴을 꺼내는 어머니의 모성처럼 거침없지만 부드러운 이미지를 잃지 않고 있다. 텍사스 포트워스Fort Worth의 넓은 땅이 킴 벨 미술관을 보다 정적으로 만든다면 부암동 골짜기는 이 단순한 두 개의 볼트 지붕을 훨씬 더 정겹게, 아기자기하게 보이게 한다.

건축가도 이러한 부지 여건을 충분히 고려했다. 건축가 우규승은 미술관으로서 수용해야 할 기본적인 요구에 비해 대지가 지나치게 협소한 것을 고려해 대부분의 프로그램을 지하로 넣고 지상에는 전시실 위주로 계획했다. 미술관의 전시실은 높은 층고가 필수이기 때문에 다른 건물보다 그 용적이 비대해지기 마련이다. 환기 미술관의 미덕은 이러한 큰 용적의 전시실을 부암동 골짜기의 스케일에 맞게 그 지붕을 두 개로 쪼개고 거기에 대지를 둘러싼 주변 환경의 스케일을 적용해 부드러운 곡선으로 자연스럽게 형태를 강조했다. 특히 별관을 층마다 조금씩 물러나게 계획한 것은 이러한 전시실의 정조를 해치지 않으려는 의도로 아주 효과적이다.

건물의 외관을 구성하는 재료 역시 주변 환경의 조건과 동떨어져 있지 않다. 땅에 접하는 맨 아래의 벽체부터 석재로 시작해 벽의 상부에서는 판재로 표현된 석재를 사용했고, 지붕은 납을 입힌 동판으로 처리했다. 그리고 별관은 뒷산과 경계를 이루는 화계와 함께 고압 벽돌로 처리해 지붕은 숲의 색과 그리고 석재는 대지와 판재는 그 둘의 대비가 갑작스럽게 충돌하는 것을 완충해 주고 있다. 특히 이 건물은 건물의 축과 계곡의 방향이 일치해서 볼트 천정을 가진 전시실에 들어가면 정면의 커다란 유리창으로 인왕산의 풍경이 그림처럼 담겨 있다. 말하자면 이 전시실에서는 전시된 그림이 있고, 자연을 창에 넣은 또 하나의 그림이 있는 것이다. 그 그림이 전시된 그림들과 싸워서는 안 되겠지만 나는 건축은 언제나 인간의 것이기보다는 자연의 것이어야 한다고 생각한다. 그런 의미에서 환기 미술관은 자연의 품 안에서 푸근하게 방문자를 받아들이는 편안한 미술관이다. 부암동의 도가적인 풍경에 잘 어울린다.

1970년까지만 해도 자하문로 동쪽 부암동 134번지에는 높이 2미터쯤 되는 부침 바위付岩가 있었다. 부암동 동명은 이 부침 바위에서 유래된 것이다. 이 바위에 다른 자그마한 돌을 자기 나이 수대로 문지르다가 손을 떼는 순간 바위에 돌이 붙으면 아들을 낳게 된다는 전설이 전해져서 여인들이 돌을 붙이려 애쓴 흔적이 벌집처럼 보이게 되었다고 한다. 이는 아쉽게도 자하문 길이 확장되면서 없어졌다. 동네 지명의 유래가 된 바위를 사정없이 부숴버린 것이다. 뭐가 이렇게 우릴 무지하게 만들었을까? 문득 쳐다보니 홍선대

원군이 남의 별장을 빼앗아 제 것으로 만든 석파정石坡亭,
고개를 돌리니 인조반정의 칼을 씻던 세검정이 가깝다. 은
둔의 터에서 패악질을 일삼는 인간의 모습이 홍운에 덮여
오늘은 불길한 기운이다.

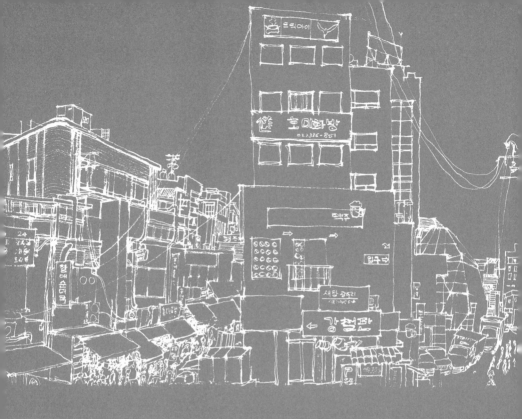

오늘도 서울에서는

자본만이 풍경이 되어

모두를 전쟁으로 만든다

때때로 많은 것을 허물었지만

그곳에는 언제나 사람이 있었다

그날 우리는
아현고개를 넘어갔다

신촌
新村

내게 신촌은 서울에서의 세 번째 장소다. 첫 번째 장소는
청량리인데, 이곳은 아마 서울을 객지로 여기는 많은 이
의 공통된 경험일 것이다. 그러나 나에게는 좀 특별한 에
피소드가 있다. 물론 그전에도 여러 차례 서울을 방문했지
만, 그때는 그냥 들렀다 가는 정도였고, 서울은 나에게(촌
놈의 의식적인 거부인지도 모르겠지만) 특별한 감상이 없던 도
시였다. 처음 내가 서울을 둘러본 것은 춘천에서 대학 생활
을 할 때였는데 춘천의 8호 광장 근처에서 술을 마시다 친

구가 자기네 가서 한잔 더 하자고 해서 그 길로 기차를 타고 취중에 닿은 곳이 청량리였다. 우리는 곧바로 종로에서 한잔 더 걸치고 화곡동 그 친구네서 비몽사몽 중에 부모님께 인사를 드렸고, 몰래 나가 술을 더 사서 밤새 마시고 곯아떨어졌다. 그리고 그날로 내려왔으니 사실 나에게 서울의 첫인상은 그리 뚜렷한 것이 아니었다. 취중 서울이랄까? 지금은 그렇지 않지만 한동안 나에게 서울은 그런 부유감을 준 도시였다. 내 기억 속 청량리는 그리고 얼마 안 지나고부터서였다. 당시 대학에는 문무대 입소라는 군사 훈련 과정이 있었는데 대개 1학년 2학기 때 단체로 일정한 훈련소에서 규정된 훈련 코스를 마치고 오게끔 되어 있었다. 그때 우리는 성남에서 훈련을 받았는데 일주일 정도 훈련받고 예의 친구네 집에서 며칠 놀게 되었다. 그런데 그때나 지금이나 노는 일에 앞뒤 가리지 않는 게 화근이었다. 추석이 겹쳤던 것이다. 나는 그때 처음 귀성 전쟁이라는 것을 실감했다. 청량리역사 안은 말할 것도 없고, 광장에도 발 디딜 틈 없이 사람들로 꽉 메워져 있었다. 당시 우리 집은 원주였는데 원주뿐만 아니라 당일에 살 수 있는 기차표가 하나도 없었다. 그렇다고 다시 친구 집으로 돌아갈 수도 없었다. 추석을 남의 집에서 보낸다는 건 몹시도 쑥스럽고, 겸연쩍었기 때문이었다. 나는 청량리역을 횡단하는 육교를 타고 그 밑에서 쉬고 있는 기차의 지붕으로 뛰어내려 역내로 잠입했다. 그렇게 원주 가는 기차를 찾아냈고 무임승차해서 집으로 돌아왔다.

●   신기한 채널

두 번째는 종로였다. 보신각과 종로서적 사이였는데 거기서 매형과 만나기로 약속했다. 그런데 웬일인지 매형은 시간이 훨씬 지났는데도 나오지 않았다. 나는 거기서 꼼짝 않고 꼬박 열두 시간을 기다렸다. 그러나 그 시간이 나에게는 그저 한두 시간 정도로밖에 느껴지지 않았다. 거리를 오가는 사람들을 구경하는 것이 그렇게 재미있는 일인지 처음 알았다. 오가는 사람들을 바라보는 시간이 점점 오래될수록 나는 아주 느리게 그 풍경과 서서히 분리되어 갔다. 그러다가 나중에는 커다란 영상처럼 사람들은 내 옷깃을 스치며 지나치고, 머물며, 담뱃불을 빌려 갔다. 그러면서도 나는 분명 그들과 다른 곳에 있었다. 웃는 여자들의 입가에 진 주름, 햇빛에 반짝이는 흩어진 머리카락, 코르덴 바지의 튀어나온 무릎, 남자들의 어깨, 손톱 밑에 낀 때 같은 것들이 극사실적으로 하나하나 다 보였다. 나는 그렇게 열

두 시간 동안 거리를 시청했다.

●   그 나무의 이름

그렇게 해서 세 번째 서울에 왔을 때 나는 신촌에서 살았
다. 그때 내가 살던 집이 정확히 어디였는지 기억나지 않는
다는 게 신기하다. 신촌역 부근이었던 것 같기도 하고 창
천동 어디였던 것 같기도 한데 분명 커다란 개량 한옥이었
던 기억은 확실하다. 중정을 두고 빙 돌아가며 툇마루로 연
결된 방이 많았는데 유학생이 아주 많았던 것으로 보아 외
국 학생을 상대로 하숙을 치던 집이었던 것 같다. 집에 쓰
인 목재의 부재가 시커멓고 외벽에는 흰 회반죽이 발려져
고풍스러웠다. 내가 쓰던 방은 한두 평 남짓, 낮은 창을 열
면 뒤란의 커다란 고목이 뒤틀린 채 자랐다. 영등포로 출
퇴근을 하던 나는 늘 밤늦게서야 그 나무를 감상할 수 있었
다. 그때마다 나무 이름을 궁금해하며 아침이 되면 주인아
주머니께 물어봐야지 다짐하면서 잠자리에 들었다. 그러나
다음 날 아침이면 번번이 잊어버렸다. 석 달 정도 그 집에
서 살고 영등포로 거처를 옮길 때까지 나는 끝끝내 그 나무
의 이름을 알 수 없었다. 매화였을까? 아니면 회화나무였

을지도 몰라. 그리고 주인아주머니 외에는 그 누구도 기억에 없다.

●   그날, 우리는 아현 고개를 넘어갔다

나는 급기야 그 집의 위치까지 잊어버렸다. 그 후 신촌을 고자 처갓집 드나들듯 하면서 갈 때마다 눈으로는 그 집을 찾았지만, 그 집은 고사하고 분위기가 비슷한 동네도 찾을 수 없었다. 어떻게 된 일일까, 꿈이었을까? 아니면 이미 헐리고 새집으로 번듯한 양옥집 모양을 한 건 아닐까? 하긴 그렇다. 지금 현대백화점 자리는 누빈 천막과 허름한 플라스틱 차양으로, 처마끼리 잇닿아 있는 지붕 아래로 생선과 야채, 건어물 등을 팔던 재래식 시장이었다. 말하자면 지금의 모래내 시장과 똑같은 풍경이었다.

    길 건너 다주 쇼핑센터가 주로 수입품을 팔던 골목을 형성했다면 길 이쪽의 신촌 시장은 그야말로 서민들의 식탁에 오르던 마른반찬부터 의류, 재사용품까지 없는 게 없었던 말 그대로 재래식 백화점이었다. 그러니까 지금의 연희궁 플라자와 국민은행이 있는 가로 뒤쪽부터 창천 초등학교까지, 그리고 신촌 서적 뒤쪽부터 연대 굴다리를 건너

두 번째 블록까지가 당시 신촌 시장의 면모였다. 신촌 시장은 북서부 상권 중에서 모래내 시장과 쌍벽을 이루며 성장해 온 서부 상권의 중심이었다. 그러나 90년대 초반부터 신촌은 한국 유수의 사립대가 밀집한 이 지역 특유의 상권을 의식하기 시작한다. 재벌 기업이 백화점으로 그 분위기를 쇄신하면서 라이벌이었던 모래내 시장을 누르고 서울 북서부 지역을 커버하는 최대 상권으로 성장한다. 그 전에 이미 그랜드백화점이 있었지만 그랜드는 규모나, 상품의 질 면에서 명동백화점으로 향하는 고객들의 발길을 돌려놓기에는 역부족이었다. 그러던 것이 재벌 기업의 막강한 투자로 현대백화점은 그랜드백화점의 실패를 극복하며 이 지역을 명동이나 압구정과 견줄 정도로 확고하게 자리매김했다. 즉 사람들이 원했던 것은 단순히 일반적인 상품을 한군데서 살 수 있는 편리가 아니라 고급스러운 상품이 폭넓게 전시된 매장이었던 것이다. 다시 말해서 그랜드백화점은 기존 고객들의 수준에 맞춰 거기에 맞는 상품을 준비했지만 현대백화점은 구매 고객의 수준보다 한발 앞선 마케팅을 한 것이 주효했다.

물론 현대백화점이 생기기 전부터 이 일대는 젊은이들의 거리였지만 그때는 대학 문화의 일부였던 것이 현대백화점이 들어서고 거리의 모습이 달라지면서(복잡한 재래식

시장의 북적거림에서 광장을 가진 백화점으로) 그야말로 1990년
대 젊음을 표상하는 거리로 주변 대학 문화를 흡수하기에
이른다. 창천교회 뒤쪽에 있던 '고바우 집', 거기서 창천 초
등학교 쪽으로 건너가다 만나는 '섬', '독수리 다방', 그리고
만화방이 주로 내가 죽치고 있던 곳이었다. 그리고 80년대
후반 신촌은 내내 최루탄 연기로 자욱했다. 교통이 마비되
고, 버스 안에서도 '죽일 놈들'과 '자알한다'가 암암리에 싸
우고 있었던 것도 그즈음의 풍경이었다. 사실 1980년대 학
생운동의 거점은 연세대생 이한열과 명지대생 강경대의 죽
음으로 안암골에서 신촌으로 이동한다.

당시 박종철의 죽음 이후에 터진 이한열의 죽음은 '더
는 안 된다'라는 국민 일반의 의식을 불러일으켰고, 당시
군부 독재에 지칠 대로 지친 시민들을 신촌 로터리로 몰려
들게 했다. 이한열의 영정을 앞세워 신촌 로터리까지 진출
한 시위대는 거리에서 그야말로 한판 굿을 벌이면서 한 젊
은이의 넋과 한국 역사의 포원을 풀어먹였다. 이애주 교수
의 흐드러진 춤판은 그야말로 우리 역사를 힘겹게 관통하
며 지나온 우리 민중의 몸짓이었다. 부드럽게 휘어지다가
불끈하고 솟아오르는 도약, 이리저리 휘날리며 감고 풀어
지는 영포는 좌중의 애간장을 끓게 했고 마지막에 흰 베를
가를 때는 그 절정으로 사람들을 내몰았다.

그리고 그 마지막 판에 문익환 목사가 있었다. 이미 고인이 되었지만 아무도 문익환 목사가 이애주의 치맛자락을 잡고 울면서 그 뒤를 따를 줄은 몰랐다. 그때 문 목사는 이미 문 목사가 아니었다. 그는 이한열이 되어 있었다. 그날, 그때 신촌 로터리에서 이애주의 굿판에 불려온 이한열의 영혼은 문익환을 빌어 역사의 질곡을 씻는 춤판의 끝을 따라가고 있었고, 그렇게 나중에는 모든 사람이 그 뒤를 따랐다. 그렇게 신촌 로터리에 모여든 사람들은 아현 고개를 넘어 시청으로 진출했다. 아현 고개를 가득 메운 만장을 보며 나는 내가 어떤 역사의 한 현장에 있고, 그 역사를 내가 만들어가고 있다는, 강한 확신이 들었다. 아마 다른 사람들도 모두 같은 생각을 했을 것이다. 우리는 모두 그렇게 강한 확신에 이끌려 아현 고개를 넘어갔다. 유월의 하늘을 가득 메운 그 붉은 만장들이 휘날리던 그때, 나는 신촌에 있었다. 나중에 이애주 교수를 만나 내가 그때를 얘기하니까 이애주 교수는 깜짝 놀랐다. "문 목사님이 그랬어요?" 이애주 교수는 몰랐던 것이다. 아마 그랬을 것이다. 그때 우리는 모두 역사의 얼굴을 보았다. 그것이 이한열이든 문익환이든 무슨 상관이었으랴.

나무의자 밑에는 버려진 책들이 가득하였다.

은백양의 숲은 깊고 아름다웠지만

그곳에는 나뭇잎조차 무기로 사용되었다.

그 아름다운 숲에 이르면 청년들은 각오한 듯

눈을 감고 지나갔다, 돌층계 위에서

나는 플라톤을 읽었다, 그 때마다 총성이 울렸다.

목련철이 오면 친구들은 감옥과 군대로 흩어졌고

시를 쓰던 후배는 자신이 기관원이라고 털어놓았다.

존경하는 교수가 있었으나 그분은 원체 말이 없었다.

몇 번의 겨울이 지나자 나는 외토리가 되었다.

그리고 졸업이었다, 대학을 떠나기가 두려웠다.

———

기형도, 「대학시절」, 『입속의 검은 잎』,
문학과지성사, 1989. 중에서

신촌은 1987년 6월 항쟁의 눈이었다. 그러나 조선 초기부터 신촌은 조선의 수도로 거론되었던 명당으로 꼽혔다. 조선 시대 풍수사에서 아직 해결되지 않은 채 남아 있는 과제 중 하나로 '경복궁 명당 논쟁'이 있다. 이는 조선의 새 수도가 지금의 한양 터로 결정되기 전부터 조선 개국공신 중 하나였던 하륜으로부터 제기되었다. 이후 조선 초기 풍수학으로 입신해 종3품의 벼슬까지 오른 최양선이 세종 15년(1433)에 당시 향교동(현재 운니동 부근)에 있던 승문원 자리가 명당이라며 창덕궁을 이곳으로 옮기자는 주장을 제기하면서 계속 이어진다. 특히 태종의 측근으로 영의정까지 지낸 하륜은 중국의 풍수가인 호순신胡舜臣의 이론을 근거로 경복궁 대신 지금의 신촌 일대인 무악毋岳 천도론을 일관되게 주장했다. 태조의 계룡산 천도를 중지시킨 동시에 이성계의 건원릉 선정에도 주도적 역할을 했던 하륜은, 권중화, 조준 등이 "무악毋岳 남쪽 일대가 도읍을 정할 만큼 명당이나 다소 좁은 것이 흠이다"라고 태조에게 아뢰자 "아무리 무악이 좁다 하더라도 개성이나 평양에 비하면 오히려 넓은 편이다"라며 이곳에 도읍을 정할 것을 주장했지만, 정도전 등 개국 공신들의 완강한 반대에 부딪혀 뜻을 관철하지 못했다. 그 이유로 무악산 상봉이 낮아 도읍지로서 입지조건이 한양만 못했기 때문이라는 것이 전설이었다. 그 후에도 조선 왕들은 무악에 대한 미련을 버리지 못해 경복궁 공사를 마친 후 세종 2년에 이곳에 서궁을 짓게 했다. 그러나 이미 정종이 아우인 태종(이방원)에게 왕위를 물려주고 궁궐을 지어 살았다. 그것이 바로 지금의 연세 대학교 자리가 된 연희궁이다. 일설에는 지금의 연희 입체 교차로 부근이라는 설도 있어 정확한 궁터를 추정하기는 어렵다. 신촌은 도읍지 후보에 거론될 정도로 명당이었음에도 불구하고 1914년 경의선 철도가 완공되기 전까지는 거의 불모의 땅이었다. 이 땅에 대해 고려 대학교가 자리 잡은 안암골과 비교해 설명하는 지리학자 최창조 교수의 얘기도 재미있다.

"풍수지리학적으로 연세대는 상대, 고려대는 법대가 강할 수밖에 없다. 고려대는 동대문 너머 안암동에, 연세대는 서대문 너머 연희동에 자리잡고 있어 광화문을 중심으로 볼 때 두 학교는 각각 좌청룡(고려대) 우백호(연세대)에 해당한다. 청룡은 풍수적으로 제왕·출세·관운·남자를, 백호는 재물·수확·출산·여자를 의미한다. 청룡의 고려대가 관운과 밀접한 법학·행정 계통에서, 연세대가 재물과 관계있는 경제·경영 분야에서 각각 우세를 보이는 것은 땅의 운명적 속성에서 찾을 수 있다. '동도서기'란 말처럼 동쪽의 고려대는 전통을 고수하는 사학·국문학이 승하고, 연세대는 서양 문명의 이기에 속하는 의학 등이 발전할 수 있는 풍수적 해석도 가능하다."

또 다른 생각에는 비록 이 땅이 위정자들에게는 주목 받지 못했지만, 오늘날의 신촌을 이룬 것은 이 땅에 터를 잡고 조선 시대부터 무, 배추, 토란, 미나리 등 성안 사람들의 채소류를 공급하며 부를 이뤘던 민초들의 의지가 면면히 이어져 온 결과가 아닐까 하는 생각을 해본다. 지금 신촌 로터리가 보여주는 상업적 활기에는 그런 전통적인 맥락이 분명히 있을 것이다. 하륜이 이 땅에서 무엇을 보았든지 간에 오늘날 신촌을 명소로 만든 것은 땅이 아니라 그곳에 사는 사람이라는 사실은 명확하다. 이 젊음의 거리에서 신촌을 사랑하며 오가는 저 신촌네기들을 보기만 해도 신촌을 신촌답게 만든 것은 뭐니 뭐니 해도 저들이라는 생각을 버릴 수 없기 때문이다.

주차장 골목의 아이들

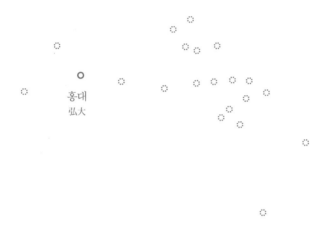

홍대
弘大

인간의 몸은 미지이다. 우리는 우리의 몸으로부터 소외되어 있다. 그런 의미에서 인간의 몸이 소우주라는 말은 구조적으로도 같은 미지라는 점에서도 타당하다. 마찬가지로 타인은 나에게 있어서 미지와 같다. 우리들은 서로 다르다. 우리들은 같지 않다. 80년대 황지우 시인의 울림처럼, 과연 우리가 "나는 너다"라고 말 할 수 있을까? 그런 울림이 여전히 가능할까? 우리가 잘 알고 있다고 믿는 것이 때로는 먼 우주보다 더 멀리 있을 수도 있다. 남성은 여성에 있어서

미지이고, 여성은 남성에게 있어 그렇다. 너는 네가 아니다. 나는 너와 다르다. 우리는 서로에게 있어 미지이다.

뱀파이어의 시간

아침에 일어나 이를 닦고 치약 거품을 입에 문 자신의 모습에 환멸을 느끼는 우리는 출근길 고달픔을 상상하며 치를 떤다. 그리곤 밥을 먹고 만원 버스나 흔들리는 전철에 몸을 맡기고 직장으로 향한다. 그렇고 그런 일상들. 전자 우편을 검색하고 지루한 회의를 반복하고, 새로 들어 온 자료를 분류하고, 작업 지시를 받고, 우르르 몰려나가 북적이는 식당에서 차례를 기다려 밥을 먹고, 퇴근을 기다리며 죽이는 시간. 그러나 이런 우리의 일상과는 정반대로 시간을 꾸려나가는 사람들이 있다. 낮에 자고 밤에 일하는 사람들. 데이 슬리퍼(day sleeper).

낮과 밤의 간단한 자리바꿈이 가져오는 차이는 우리가 상상하는 것보다 더 크고, 심각하다. 우리가 지닌 구미호에 대한 공포가 끊임없이 인간의 자리를 노리는 외계(인간이 되고 싶은 여우)에 대한 공포라면 서양인의 뱀파이어에 대한 공포는 나와는 다른 방식을 사는 다른 인간에 대한 공포를 드러낸다. 말하자면 구미호에 대한 공포가 공간적인 공포라면, 뱀파이어에 대한 공포는 다분히 시간에 대한 공포다. 우리가 얘기하는 근대라는 개념이 서구의 시각에서 발생한 걸 보면 저들의 마녀사냥과 뱀파이어에 대한 공포는 근대를 이루기 위한 서구의 관점과 결코 무관하지 않다. 결국 근대 시민 사회에 대한 서구의 이상은 푸코가 분석했듯이(나와 다른 시간을 사는 누군가에 대한) 감금의 역사이고, 차이에 대한 처벌의 역사였다.

낮밤이 뒤바뀐 사람들을 바라보는 우리 시선에도 그런 편견은 끈질기게 존재한다. "일찍 일어나는 새가 더 많은 먹이를 구한다"는 경구는 농경사회와 산업사회를 거치면서도 꾸준히 가치를 지녀왔다. 그러나 정보사회의 초입을 지나고 있는 지금 이러한 경구는 그 가치를 어느 정도 상실한 게 사실이다. 케인스 학파의 몰락이 말해 주듯이 이제 세계 경제의 위기는 인플레이션이 아니라 디플레이션에 의해 야기되고, 점점 더 많은 이가 수익에 매달리는 게 아니라 더 많은 여가를 원하고, 그 여가를 즐기기 위해 일한다. 그리고 다른 한쪽에서는 일과 여가가 분리되지 않는 전문직들이 디지털 시대의 등장과 함께 속속 나타난다. 혼자서 혹은 마음이 맞는 몇이 팀을 이루는 이들의 작업 방식은 흡사 밴드와 같다. 그 결속이 강하지도 않고, 일반 사무실이 지닌 조직적인 면모도 덜하다. 이들의 결속은 일에 의해서라기보다는 일상적인 리듬을 공유한다는 데서, 그래서 일반적인 이들과의 차이에서 비롯된다. 그런 차이의 즐김은 나만의 것, 나만의 영역으로 확장된다. 예를 들면, 그들은 음악성과 관계없이 자기만이 아는 음악에 의미를 부여하고 이를 즐긴다. 따라서 굳이 타인과 닮으려고 노력할 필요가 없다. 일반인이 낮 동안 유대와 정보를 교환하듯 이들은, 밤 동안 통합적으로 이루어진다. 인터넷의 등장은 새로운 정보에 자칫 소홀해질 수 있는 데이 슬리퍼에게는 분명 하나의 대안이다.

목욕탕 굴뚝은 높기도 하지

매일 다니던 도로가 더 넓어져있네

모두 다 어디로 갔을까?

사람들이 침대 위에서 악몽에 시달릴 때

나는 편의점의 불빛을 받으며

구입대홍 은많 이점의편 히난유

코를 뚫은 폭주족들이 오토바이를 달리는

오락실에서 총을 드네

테크노 음악에 맞춰 춤을 추는 계집애들은

제자리걸음이네

아무것도 부정할 것이 없네

텅 빈 주차장

버려진 커피 캔과 막대 사탕

지하 바에서 풍겨오는 맥주 곰팡내처럼

가끔 건물들이 꿈틀대는 소리를 듣고있지

(이런 오르가즘을 보는 것은 괴롭다)

주인은 잠자러가고

환히 불을 밝힌 텅 빈 분홍빛 선물가게 앞에서

한 참을 서있네

누가 좀 불러줬으면

야식집 비디오에서 마를린 먼로가 요리를 하네

어둠을 입어 거울이 되어버린 유리창

도둑고양이들이 쓰레기 봉투를 헤집고 간

한 번 들어가면 다시 나오지 못 할 어둠 속으로

신문 배달원이 스쿠터를 타고 지나가네

누가 여기서 기다렸는지, 흩어진 그림자들만 남아

나는 왜 미지에서

낯익은 반복을 꿈꾸고 있는 걸까?

새벽의 주유소에서는

아무도 길을 묻지 않는다—

함성호, 「Day sleeper」, 『너무 아름다운 병』,
문학과지성사, 2001. 중에서

　　나도 다 늦은 저녁에 출근하고 홍대 앞에서 야식을 먹
고 다음 날 다른 직원들이 출근하기 전에 퇴근하는 데이 슬
리퍼였다. 그러고 보니 홍대 앞과 인연을 맺은 지가 언제인
가 싶다.

　　홍대 거리는 공간적으로 데이 슬리퍼들에게 유용한
피난처가 된다. 홍대 앞이 한국 클럽 밴드의 요람과 같은
구실을 하고 거기에 수많은 데이 슬리퍼의 일자리가 있다
는 것은 결코 우연이 아니다. 80년대만 하더라도 홍대 앞
은 홍익 대학교 미대라는 학교 특성 탓에 화방이 먼저 상권
을 이루고 있었다. 80년대 후반에는 해외여행 자유화의 혜
택을 받아 외국에서 공부하고 돌아온 일군의 패션 디자이
너의 조그마한 의상점이 진을 치게 된 것이다. 이들이 홍대
앞에 집중적으로 몰려든 이유는 학생 때부터 친근한 장소
라는 것도 있지만 강남 쪽으로 갈 수 있을 만큼 넉넉한 경
제력을 갖추지 못한 부류라는 점도 크게 작용했을 것이다.
그러나 군사 독재 아래서 형성된 강력한 신흥 자본이 강남

상권을 형성하자 인사동의 화랑들이 강남으로 옮겨 간 것처럼, 홍대 앞에 자리한 소규모 의상점도 금방 경쟁력을 잃고 하나둘 홍대 거리에서 모습을 감추게 된다.

그리고 그 자리를 빠르게 대체하며 들어선 것이 학생 중심의 홍대 상권을 노리며 들어선 작은 카페였다. 이미 몇몇 큰 카페와 음식점이 있었지만 작은 카페는 작은 공간에서 임대료를 절약하며 큰 공간에서는 기대하기 힘든 손님과 주인의 유대감을 짧은 시간에 돈독히 할 수 있는 이점이 있었다. 이들은 주인과 손님에서 누나 혹은 형으로 발전해 간다. 그러나 이 작은 카페들의 운명도 90년대 소비문화가 극성을 보이면서(성수대교 붕괴와 함께), 그리고 보다 '쿨'한 관계가 미덕으로 치부되면서 서서히 내리막길로 접어든다. 그와 동시에 넓어진 홀 면적을 바탕으로 클럽밴드의 시대가 홍대 앞을 일거에 한국 언더밴드들의 성지로 탈바꿈시킨다. '황신혜 밴드', '어어부 밴드', '크라잉 넛', 등의 밴드들이 홍대 앞 신을 형성한 것도 그 무렵의 일이다. 일단의 펑크 락으로 무장한 이들은 주로 '드럭'이나 '블루 데빌', '푸른 굴 양식장', '푸른곰팡이' '스팽글' 등의 카페에서 공연을 했고 주인들은 불법 공연장 단속을 나오는 구청 직원들과 싸워야 했다. '블루 데빌'에서 노래를 부르던, 당시에는 무명이었던 자우림의 보컬 김윤아가 홀에 앉아 잡담하던 '삐

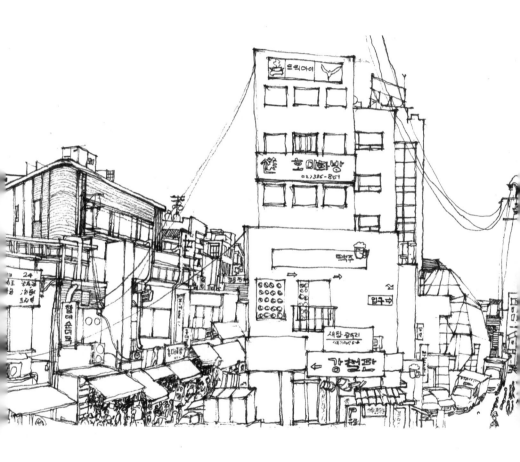

삐 롱 스타킹' 멤버들에게 거칠게 항의했던 일도 그즈음 가십이었다.

지금도 그렇지만 당시 홍대 앞에는 크고 작은 출판사로 가득했다. 주차장의 아이들(나는 홍대 앞을 즐겨 찾는 데이 슬리퍼들을 이렇게 지칭한다)은 흔히 '피카소 거리'라고 불리는 큰길가에 자리했던 '문학과지성사', 그리고 화방과 표구점들이 있는 큰길 뒤에 자리한 '솔', '열화당', '열림원', '바다', '이레' 출판사 등이 포진해 있었다. 이들 출판사를 드나드는 문인, 화가, 사진작가, 디자이너는 다시 클럽 밴드들과 화방, 표구점, 그리고 카페와 연결되고, 그리고 그들을 보기 위해 홍대 앞을 찾는 사람들 또한 홍대 앞 신을 구성하는 중요한 요소들임은 두말할 것도 없다.

매주 금요일마다 '문학과 사회' 동인들이 호스트가 되어 술판이 벌어지는 '예술가'의 여주인은 작은 카페 시절 '두 바퀴로 가는 자동차'의 주인이었다. 지금 예술가는 사라지고 없지만 수도약국을 지날 때마다 매주 금요일 밤의 흥청거림이 창문을 타고 들려올 것 같다. 그 엄청난 주당들의 막대한 술값을 도맡아 준 어느 한 분에게도 감사드리고 싶다. 그러고 보니 '문학과 사회' 술자리도 참 많이 전전했다. 어느 때부터인가 '반포치킨'과 '고선'을 끝내고 홍대 앞을 전전한 곳이 생각나는 대로 꼽아도 다섯 군데는 족히 넘는다. 나는 그 술자리에서 참 많은 사람을 만났다. 좋은 선배들을 만났고, 그들의 문학적 무용담을 들으며 나의 문학적 입장을 세워나갔다. 술자리에서는 가끔 맥주병이 날아다니는 싸움도 심심찮게 일어났지만 다음날 그 싸움의 전모를 자세히 기억하는 사람은 아무도 없었다. 싸움의 당사자들끼리 서로 전화하며 어젯밤 술자리에서 무슨 일이 있었는지 묻는 해프닝도 있었다. 비록 취했지만, 감정이 개입되지 않은 문학적 견해 차이가 빚은 싸움이기에 가능한 일들이었다.

그렇게 '문지'를 드나들다 급기야 나는 그때까지 주택이었던 '문학과지성사' 사옥을 헐고 7층 사옥으로 신축하는 일에 뚜쟁이 노릇까지 했다. 도대체 무슨 일로 그렇게 술을 마셨고, 무슨 얘기들을 했을까? 문지 술자리가 끝나면 우리는 누가 시키지도 않았는데 먹자골목의 해장국집에 저절로 모여 있었고, 거기서 날이 샐 때까지 노래도 부르고, 한 얘기를 또 하며 장안의 술을 동냈다. 취하면 늘 안주를 떠먹여주던 시인 김태동, 당시에는 고등학교 선생이었고 노래를 잘 부르던 소설가 이해경, 군대 간다고, 군대 갔다 왔다고 만났던 시인 강정, 이들과 같이 새운 밤이 얼마든가? 그것도 모자라 설계 사무실을 홍대 앞에 차려 놓았다. 건축가 문훈, 김승귀가 자주 놀러 왔고, 무용가 김솔도 빠지지 않고 왔던 기억이 난다. 그녀가 자신의 삶을 짧게 마감한 것이 아쉽다. 건축가 김재관과 그렇게 모여서 좁은 사무실에 숯불을 피우고, 그 더운 여름날 시인 김완수가 사 온 양념 돼지 갈비를 구우며 영화평론가 송준, 문학평론가 김진수 등과 어울려 소주를 마시던 기억도 새롭다.

당시 우리가 사무실로 쓰던 열림원 건물 옥탑에는 양쪽으로 문이 두 개가 나 있었는데, 거기로는 사람도 드나들었지만 고기 굽는 연기도 빠져 나가는 굴뚝 구실도 톡톡히 했다. 거기서는 일보다는 술을 더 자주 마셨고, 가끔 시인 이준규가 마누라에게서 받은 용돈 만 원으로 막걸리 한 병과 시집 한 권을 비닐봉지에 넣고 삐죽 그 문으로 고개를 들이밀던 장면도 생각난다. 당연히 뻔질나게 '문지' 술자리를 드나들었다. 사무실이 '문지' 식구들의 단골 술집인 '예술가' 건너편에 있었기 때문에 금요일이면 나는 밤늦게 일하다 출출하면 길 건너 '예술가'에 가서 술 몇 잔 걸치고는 슬며시 다시 사무실로 들어와 일하곤 했다(그런데 몇 년 전 이 술집 주인인 정선 씨가 문을 닫으며 문지의 술자리도 다른 곳으로 옮겼다. 예술가 종파티 때는 문지 망년회보다 더 많은 문인이 와서 아쉬워하는 척하며 마지막 공짜 술을 마음껏 즐겼다). 그렇게 쥐 소금 나르듯 술집과 사무실을 한밤에도 여러 차례 드나들었지만 아무도 그런 나를 이상하게 보지 않았다. 그렇게 '문지'의 술자리는 누가 와도 괜찮았고 누가 가도 붙잡지 않았다. 특별히 대접받는 사람도 없었고, 홀대받는 사람도 없었다. 그러다 사무실을 지금의 경복궁으로 옮기면서 드디어 이제 내가 홍대를 떠나는구나 생각했다. 그러나 웬걸, 다시 '문학판' 편집 일을 하며 또다시 홍대 앞을 얼쩡거렸고, 지금은 문지 문화원 '사이'를 드나들며, 산울림 소극장 아래 기찻길에 자리 잡은 '설탕'에서 죽치고 있으니 내가 생각해도 홍대 앞과 나의 인연은 질기고도 질기다.

●   우리는 서로 다르다

생각해 보면 이 모든 것은 다 밤의 풍경이다. 나는 홍대 앞에서 만난, 내가 좋아하는 이들의 얼굴을 떠올리면서 밤이 아닌 얼굴을 상상할 수 없다. 나에게 있어 홍대 앞은 늘 밤이었고, 그 밤의 풍경 속에서 우리는 만나고 헤어졌다(한낮의 홍대 거리는 얼마나 쑥스러운가!) 생활 무대가 주로 홍대 앞이다 보니 이렇게 저렇게 친해진 사람도 많다.

서교 목욕탕 1층에서 늘 졸다가 우리를 맞아 주는 '영천집' 아줌마는 왕년에 독립문 영천 시장에서 김밥과 떡볶이 재료상을 제법 으리으리하게 하던 사장님이었다. 이 영

천집 아줌마의 잔치국수 맛은 세계 제일이라 해도 과언이
아니다. 더군다나 서비스 안주로 주는 양념한 명태쩜은 그
것만으로도 충분히 소주 세 병은 해치울 수 있다. 달군 뚝
배기에서 익는 계란쩜은 이 집을 찾는 여성들의 단골 메뉴
다. "손님이 오면 깨워라?"는 당부와 함께 아줌마가 주무시
면 그다음에 오는 손님맞이는 늘 먼저 온 손님들의 몫이다.
더군다나 아줌마가 슬쩍 사라져버리면 손님들은 술값을 치
르기 위해 이집 저집 다른 집들을 뒤져야 한다. 그런데 갑
자기 돌아가셨으니 슬프다. 돌아가시기 며칠 전 수도약국
앞에서 지나가는 모습을 잠깐 뵈었는데 그때 쫓아가 인사
를 나누지 못한 것이 지금도 마음에 걸린다. 그 외에도 영
천집 건너편 구성집도 우리의 단골 술집이었다, 70년대 엘
피판이 벽에 쭉 붙어있던 '콩나물국밥집' 주인 식구들. 한때
우리는 '예술가'에서 1차를 마치고 이 '해장국집'에서 꼭 2차
로 소주를 마시곤 했다. 그러면 항상 시인 김태동은 일일이
밥술을 떠 이 사람 저 사람 먹이는 수고를 아끼지 않았다.
그러면 동석한 사람들은 어쩔 수 없이 그의 취기를 한 숟가
락씩 받아먹고 같이 취해 갔다. 이 풍경의 배경은 모두 밤
이었다.

그러나 홍대 앞이 항상 일탈한 자들, 뱀파이어들의 전
유물인 것은 아니다. 홍대 앞은 크게 연령별로 세 가지 층

위로 나뉜다. 즉, 남북으로 길게 뻗은 주차장 골목 일대가 주로 20대 후반과 30대의 무대라면 서교호텔 뒷골목의 일식집과 한식집이 자리한다. 일대는 주로 40대 후반과 50대 회사원들의 주 무대이고, 홍대 정문 놀이터를 중심으로는 10대 후반에서 20대들이 즐겨 모이는 장소다. 그리고 주차장 골목 북단에 자리한 긴 삼각형 대지에 다닥다닥 운집한 해장국 골목은 지치고 피로한 영혼이 새벽의 쓰린 속을 달래러 모여드는 숲속의 옹달샘 같은 곳이다. 10대도 오고, 넥타이를 맨 아저씨도 오고, 입술을 바인더처럼 피어싱한 펑키들도 찾는다. 그리고는 마치 물을 찾아 모여든 짐승처럼 그들은 각자 앞에 놓인 소주 한잔과 요기를 하고는 그렇게 뿔뿔이 제 갈 곳으로 간다. 이 취객들의 옹달샘도 중국인 관광객들이 몰려들자 이제는 죄다 옷가게나 액세서리 가게로 변했다.

하긴, 이 해장국 골목은 일제강점기에 당인리 발전소에 석탄을 실어 나르던 철도가 지나다니던 길목으로 사창가가 있던 자리이다. 당시 직업여성이 호호 할머니가 되어 불과 몇 년 전까지만 해도 같은 자리에서 해장국을 팔았다. 홍대 일대에서 유일하게 당시 흔적을 고스란히 간직하고 있는 곳인 셈이다(그 할머니도 몇 년 전에 돌아가셨다). 그러니까 역사적으로도 상징적으로도, 홍대 앞을 찾는 데이 슬

리퍼들의 뒤바뀐 낮과 밤을 이 해장국 골목보다 더 잘 드러
내는 곳은 없다. 낮에는 스산한 풍경으로 있다가 밤이 되면
활기 넘치는 뱀파이어들의 거리. 유난히 24시간 편의점들
이 많고, 밤새도록 취한 연인들이 여기저기 널브러져 있고,
지하 술집에서 울리는 클럽 밴드들의 기타 리프가 지상을
살짝살짝 넘보며 울리는 거리. 새벽에도 야식집이 문을 열
고 자장면이 배달되는, 그래서 유난히 밤새워 일하기 좋은
거리가 홍대 앞이다. 나는 새벽에 사무실에서 작업하다 밤
참을 먹기 위해 주차장 골목을 걸었다.

홍대 앞 해장국 골목 공동 화장실에서

보스톤 백을 든 남자가 섹시 쟌다르크룩의 여자에게

키스를 한다

아니, 숫제 빨아 먹고 있다 서로

모드룩의 남자와 초미니스커트의 여자

울고, 싸우고, 토하고, 집에 가기 싫다고 소리치는

펑크 소녀의 달콤한 과일 향과

업고, 두드리고, 맞고, 달래는

힙합 소년의 휴고 보스 향수 냄새

패션은 육체다—몸 밖으로 불거져 나온 남근처럼

육체를 외연한다

주차장 골목에서 당인리 발전소까지— 지하에서 울려 나오는,

오르페우스의 쓰리코드

—Bela Lugosi's Dead

프랑켄슈타인의 신부 같은 팜므파탈 풍의 여자가

에세 담배를 손가락에 걸고

문자를 날리고 있는 놀이터

혐오와 숭배는 한끝 차이다

(나는 내가 이미 죽도록 사랑하던 여자

사랑했던 거울)

자폐적인 슈게이징—음악을 먹어, 음악을 먹어, 저들이 너의

음악을 듣지 못하게

혼다 CBR600이 질주하는 극동방송국 앞

에스닉 모드의 여자가 라운지 음악에 기댄 채

화장실에 가고 있다

흔들리고 있다,

서로

함성호, 「홍대 앞 금요일」, 「키르티무카」,
문학과지성사, 2011. 중에서

　‘나는 너다’가 아니라, 우리가 같지 않다는 것을 구분
하고 감히 너를 이해한다고 말하지 않아도 미안하지 않은,
그 미지에 대해 인정할 수 있는 거리. 홍대 앞은 그런 거리
距離를 유지하고 있는 곳이다. 우리는 서로 다르다. 나는 네
가 아니다.

경복궁 주변

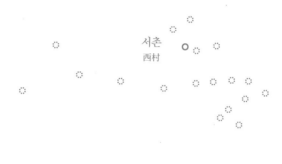

서촌
西村

사무실을 영추문 근처로 이사하면서 오랜 홍대 생활을 접었다. 춘천에서 현장 기사 생활을 끝으로 설계 일을 시작하면서 서교동에 거처를 잡은 게 1990년 봄이니까 약 10년간의 홍대 생활을 끝낸 것이다. 그때 나는 직장과 거처를 옮기면서 생긴 공백기에 별다른 할 일이 없었다. 그래서 그간 써 왔던 시 몇 편을 정리해 출판사에 투고라는 것을 하기로 했다. 하지만 그것도 그냥 보내놓고 별 기대가 없었으므로 금방 잊어버렸다. 그런데 항상 별 기대 없었던 것들이 뜻밖의 결과를 가져오기 마련인지, 그날도 뒹굴뒹굴하다가 설핏 잠들었는데 전화가 온 것이다. 시가 아주 좋고 잘 읽었다며 다음 호에 싣기로 했다는 내용이었고, 한번 출판사로 와 달라는 거였다. 나는 그래서 생전 처음 출판사라는 데를 가서 머리털 나고 처음으로 시인들을 만났다. 거기가 바로 홍대 앞 '문학과지성사'였다. 내가 살던 집과 바로 지척이었고, 그때부터 나는 홍대 앞에서 술 마시고 홍대 앞에서 빈둥대고, 홍대 앞에서 먹고, 홍대 앞에서 시인과 소설가들을 만났다. 그리고는 급기야 홍대 앞에 사무실을 열기까지 한 것이다.

●   경복궁의 문

영추문 근처로 이사 온 지금, 나는 홍대 앞에서 놀던 내 벗들에게 전화를 걸어 이렇게 얘기한다. "야, 이 근처 죽여! 우리 인제 광화문에서 만나자. 영추문 시대를 여는 거야!" 그러면 벗들의 반응은 대부분 비슷하다. "광화문은 알겠는데, 영추문은 어디야?" 그러면 내 반응도 똑같다. "이런 무식한 놈. 영추문도 모르냐? 경복궁 서쪽 문이 영추문 아니냐? 맞을 영, 가을 추, 가을을 맞는 문이란 말이다." 그러나

실상 나도 이쪽으로 이사 오기 전까지 경복궁 사대문 중에서 아는 문은 광화문밖에 없었음을 고백한다. 여기 오니까 영추문이 있었고, 웬 문인가 하고 보니까 영추문이었다.

알다시피 서울은 북악을 중심으로 동쪽에는 낙산, 서쪽에는 인왕산, 남쪽에는 목멱산을 두고 있다. 산은 각각 풍수지리상으로 북악은 현무, 인왕은 백호, 낙산은 청룡, 남산은 주작이다. 그리고 다시 음양오행으로 따지면 북악은 겨울, 인왕은 가을, 낙산은 봄, 남산은 여름을 상징하며 다시 각각 흑, 백, 청, 녹색을 상징한다. 경복궁 사대문은 모두 이와 같은 풍수지리와 음양오행의 원리에 의해서 그 이름이 정해졌다. 경복궁의 북쪽 문인 신무문은 북현무에서 따온 이름이고, 남쪽 문인 광화문은 궁궐의 정문인 관계로, 모든 궁의 정문에는 조선 시대의 통치 이념인 유교의 이상을 상징하는 '化'를 넣는 당시의 예에 따라 창덕궁은 돈화문敦化門, 창경궁은 홍화문弘化門, 경희궁은 홍화문興化門, 경운궁은 인화문仁化門이라 한 것처럼 광화문이 되었고, 동쪽 문과 서쪽 문은 봄과 여름의 이름을 따 건춘문과 영추문이 된 것이다. 영추문은 또한 연추문이라고도 불렸는데 역시 가을을 끌고 들어오는 문이라는 뜻이 된다. 송강 정철이 『관동별곡』에서 "연추문延秋門 드리다라 경회慶會 남문 바라보고 하직하고 물러나니……." 했던 연추문이 영추문이다. 경복궁 문이 각각 이용자에 따라 그 기능을 달리하는 것도 재미있다. 광화문이 주로 임금이 드나들던 문이라면 영추문은 주로 문무백관들이 드나들던 문이었다. 그러니까 조선 시대 대부는 모두 영추문을 통해 궁궐을 드나들었다. 아마도 가을이라는 상징이 무르익은 성숙한 정신을 뜻하는 고로 국사를 맡아보는 이들의 추상秋霜같음과 노회한 국정 경영을 기대하며 그렇게 정한 듯싶다. 그러니까 광화문은 거의 이용되지 않았을 것이다. 주로 영추문과 건춘문으로 문무백관이 자주 드나들었고, 광화문은 종묘제례 같은 대사가 있을 때만 잠깐 열렸을 것이다. 자세히 얘기하면, 건춘문으로는 세자와 동궁에 위치한 각사에서 일하는 신하들이 드나들었고, 영추문으로는 문무백관들이 드나들어 그 기능이 역할에 의해 구분되었다. 그러나 생각하면 팔판동에 집이 있는 정승이 일부러 영추문까지 빙 둘러 출근했을 리는 없다. 어디까지나 상징적으로 그랬다는 것일 터.

언젠가 우연히 택시를 타고 광화문 앞을 지나가는데 사람들이 다 뭔가에 홀린 것처럼 광화문광장을 바라보고 있었다. 뭔가 싶어 반대쪽을 보니까, 거기서 스노보드 점프 경기가 벌어지고 있었다. 하이브리드 하다. 와, 나는 서울이 이래서 좋다. 그러나 꼭 광장 하나 만들었다고 광장 안에서 뭔가를 해야 하나? 라는 생각이 들었다. 광화문 광

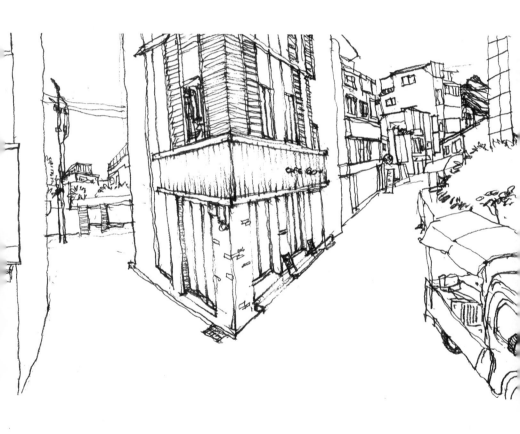

장 안에서만 얘기를 만드는 것은 한계가 있다. 광화문광장은 더 넓게 바라봐야 한다. 광장이라는 상징에 사고와 행위가 얽매여 있기 때문이다.

● 　　　　더 중요한 광화문광장 바깥 이야기

동아시아의 도시는 우주 질서를 건물과 도로를 통해 나타낸다. 서양의 도시가 생산물 집적지로서 기능했던 것과는 다르다. 당나라 장안, 발해의 상경, 그리고 서울의 세종로(육조 앞, 혹은 육조거리)는 최초로 우주 질서를 세운 축에 해당한다. 서울은 이 축을 중심으로 좌측에는 종묘를, 우측에는 사직단을 세우면서 시작된다. 결국 서울을 걷는다는 것은 우주의 질서 속을 걷는다는 말과 같다. 특히 서울은 건물과 도로뿐만이 아니라 동서남북에 산과 강, 크고 작은 하천이 모여 가히 도시 자체가 하나의 상징으로 둘려져 있다. 신라의 경주가 불국토를 이루었던 것처럼, 서울은 14세기 동아시아의 우주관을 상징한다. 그리고 지금 그 우주는 사라졌다. 지금으로부터 95년 전의 글을 인용하며 그 우주가 사라지는 과정, 숭례문이 불탈 때 우리가 느꼈던 안타까움이 어디서 기인하는지 알아보자.

"헐린다, 헐린다 하던 광화문이 마침내 헐리기 시작한다. 총독부 청사 까닭으로 헐리고 총독부 정책 덕택으로 다시 지어지리라 한다. (…중략…)조선의 하늘과 조선의 땅을 같이 한 조선의 백성들이 그를 위하여 아까워하고 못 잊어 할 뿐이다. 오백 년 동안 풍우風雨를 같이 겪은 조선의 자손들이 그를 위하여 울어도 보고 설워도 할 뿐이다. 석공의 망치가 네 가슴을 두드릴 때도 너는 알음이 없으리라마는, 뚝다닥하는 소리를 듣는 사람이 가슴 아파하며, 역군役軍의 연장이 네 허리를 들출 때 너는 괴로움이 없으리라마는, 우지끈하는 소리를 듣는 사람이 허리를 저려 할 것을 네가 과연 아느냐, 모르느냐, 팔도강산의 석재와 목재와 인재의 정수精粹를 뽑아 지은 광화문아! 돌덩이 하나 옮기기에 억만 방울의 피가 흐르고, 기왓장 한 개 덮기에 억만 줄기의 눈물이 흘렀던 우리의 광화문아! (…중략…)총독부에서 헐기는 헐되 총독부에서 다시 지어 놓는다 한다. 그러나 다시 짓는 그 사람은 상투 짠 옛날의 그 사람이 아니며, 다시 짓는 그 솜씨는 피 묻은 옛날의 그 솜씨가 아니다. 하물며 이시이인伊時伊人의 감정과 기분과 이상理想이야 말하여 무엇하랴? 다시 옮기는 그 곳은 북악을 등진 옛날의 그 곳이 아니며, 다시 옮기는 그 방향은 경복궁을 정면으로 한 옛날의 그 방향이 아니다. 서로 보지도 못한 지가 벌써 수년이나 된 경복궁에 옛 대궐에는 장림長霖에 남은 굳은비가 오락가락한다. 광화문 지붕에서 뚝딱하는 망치

소리는 장안長安을 거쳐 부딪친다. 남산에도 부딪친다. 그리고 애달파하는 백의인白衣人의 가슴에도 부딪친다.

설의식, 동아일보 1926년 8월 11일.

그냥 건물이 아니었다. 그 건물이 사라짐으로써 우리 의식의 궤도를 돌던 별자리 하나가 없어졌다. 지금 우리 앞에 펼쳐진 우주는 전시대 사람들은 상상할 수도 없었던 혼돈으로 가득 찬 모순적인 우주다. 질서정연한 세계가 사라지고 각각 중심에서 각자 외치는 소리가 들린다. 그러나 여전히 비행기 항로가 고대 양모 상인의 길을 따르는 것처럼, 육조거리는 여전히 서울 중심에 있다. 그리고 사람들이 구름처럼 몰려들어 성시를 이루었던 운종가(종로)도 여전히 육조거리(세종로)와 만나는 그 자리 그대로다(앞서 손곡 시에 '종경소리 울리더니 구름대문을 닫누나' 하는 구절은 성문을 닫는 종각 종소리가 울리자 사람들이 구름처럼 몰려들었다는 운종가의 인파가 뜸해지는 풍경을 비유한 것이다). 그런데 이상하다. 600년 동안 그 자리를 그대로 지키는 이 시장에 오래된 가게가 하나도 없다. 서울은 이상하게도 모든 게 다 새것이다. 항상 그렇다. 국수를 잘 마는 오래된 가게도 없고, 그냥 오래됐다는 역사 하나로 손님들을 기죽게 만드는 찻집도 없다. 웬

일인가 싶다가도 과거에 겪은 절대빈곤의 시절을 생각하면 사실 그리 이상할 것도 없다. 그렇더라도 우리는 너무 빨리 달려왔다. 장인 정신을 장인 자본주의로 변화시키지 못하고 여기까지 일그러진 모습으로 왔다. 늘 부산하게 실내 장식을 하고 새로운 간판을 다는 종로 가게들이 이를 증명한다. 18세기를 살았던 역관 김세희는 당시 종로에 대해 이런 글을 남겼다.

새벽종이 열두 번 울리면 점포의 자물쇠 여는 소리가 일제히 들린다. 그리고 장사하는 남녀들이 짐을 등에 지거나 머리에 이고 지팡이를 두드리면서 사방에서 요란하게 몰려든다. 좋은 자리를 다투어 가게를 열고 각자 물건을 펼쳐놓는다. 천하의 온갖 장인들이 만든 제품과 온 세상의 산과 강에서 나는 산물이 모두 모인다. 불러서 사려는 소리, 다투어 팔려는 소리, 값을 흥정하는 소리, 동전을 세는 소리, 부르고 답하고 웃고 욕하고 시끌벅적한 것이 태풍과 파도가 몰아치는 소리 같다. 이윽고 저녁 종이 울리면 그제야 거리가 조용해진다.

종로의 제품은 몇 가지 등급이 있다. 중국의 제품은 모두 당唐자를 붙이는데, 중국 제품은 정교하면서도 치밀하고 담박하면서도 화려하며, 우아하면서도 약하지 않고

기교적이면서도 법도가 있으므로 이 때문에 가장 뛰어난
상품으로 친다. 일본 상품은 정치하고 세밀하며 교묘하고
화려하여 그다음이다. 우리나라 제품은 대개 조악하여 정교하지
못하다. 간혹 중국 제품을 모방하지만 진짜와 다르므로 등급이
가장 낮다.

이것이 어찌 산과 강에서 나는 재료가 중국과 달라서 그런
것이겠는가? 사람의 솜씨가 미진하여 그런 것이다. 우리 풍속이
지체를 구분하여 사람을 구속하기 때문이다. 지체가 높은
사람은 지식도 높고, 지체가 낮은 사람은 지식도 낮다. 그 정황을
보면 그럴 수밖에 없다. 그러나 지체가 높은 사람은 의지할 데
없이 곤궁하여 구렁텅이에 굴러떨어져 죽을 지경이 되더라도
태연하게 지식의 문을 닫아걸고 상업이나 공업에 종사하려 들지
않는다. 이 때문에 나라에서 생산되는 제품은 모두 배우지 못하여
무식한 사람의 손에서 나온다. 사람이 무식한데 어떻게 교묘한
솜씨를 부려 정밀한 물건을 만들 수 있겠는가? 이것이 바로
제품이 아름답지 못한 까닭이다.─이근묵譯

———

김세희金世禧,〈종가기鐘街記〉,《관아당유고寬我堂遺稿》

    제품을 만드는 사람이 중요하다는 것이다. 도시는 부
산스럽고, 복잡하다. 복잡하다는 게 꼭 나쁜 것만은 아니

다. 어떤 복잡함인가 하는 데서 우리에게 다가오는 복잡함의 의미는 사뭇 달라진다. 한마디로 복잡함이 짜증을 유발하는 도시는 나쁜 도시다. 반대로 이 복잡함이 활력이 되는 도시는 좋은 도시다. 반드시 그 활력에는 이야기가 존재해야 한다. 한번 불꽃처럼 피었다 사그라드는 그런 활력이 아니라 자연과 역사, 사람의 이야기가 이어져야 한다. 광화문 광장이 도시에 활력을 불어넣는 풍로가 되기 위해서는 반드시 광화문광장 안에서만 이야기해서는 안 된다. 이야기를 광화문광장 바깥으로 끌고 나갔다가 들어오고, 다시 나가야 한다. 그러기 위해서는 광장보다 바깥 이야기가 더 중요하다. 종로와 남대문 시장, 을지로, 청계천 가게가 탄탄하게 이야기를 지켜야 한다. 광화문광장이 섬처럼 남아서는 아무 의미가 없다. 광화문광장은 북악이라는 거대한 상징에서 뻗어 나온 축이기에 시설이라는 측면에서 그리 손댈 게 없다. 문제는 경복궁, 덕수궁, 창경궁, 종로, 서울광장, 그리고 주변 시장과 어떻게 연계하는지에 달려 있다. 이 이야기를 서로 연결하지 못하면 광화문광장은 차량으로 둘러싸인 섬이 될 것이다. 축제를 끌어오자는 말이 아니다. 일상 속 이야기를 끌어 오자는 말이다. 이런 일상을 만드는 것이야말로 누가 시키거나 자금으로 되는 일이 아니다. 그것은 우리 사회가 어떤 공동의 가치를 추구하는가? 라는 근

본적인 물음에서 시작된다. 그 대답이 광화문광장 진짜 이
야기가 될 것이다. 여전히 계속 광장 안의 얘기만 만드는
걸 보니 답답하다. 지금 광화문 앞에서는 보드 점프까지 하
며 이를 보러온 사람들로 시끌벅적하지만, 나는 곧 이 풍경
과 작별한다. 청와대 쪽 영추문으로 자리를 옮기면 또 금방
별세계가 나오니까.

●   적산가옥

사무실을 통의동으로 옮기고 가장 신선한 사실은 출근길
에 있다. 일산에서 광화문으로 출근하는 교통수단은 두 가
지다. 하나는 버스고, 하나는 지하철이다. 나는 날씨가 특
별할 때는 버스에 탄다. 날씨가 특별하다는 것은 아주 맑은
날이거나, 비가 내리거나 눈이 오거나, 구름으로 장엄하
게 덮인 걸 말한다. 그중 버스를 탈 때, 가장 먼저 눈에 띄
는 것은 세종문화회관 앞에 내리면 보이는 광화문 교보문
고 글판이다. 정확히 알 수는 없지만 이제까지 볼 수 없었
던 희한한 문구가 교보문고 건물에 걸리기 시작한 것이다.
고은 시인의 「낯선 곳」에서 따온 시구는 충격이었다.

떠나라 낯선 곳으로 그대 하루하루의 낡은 반복으로부터

아니, 저게 뭐지? 뭘 광고하는 건가? 그러나 그 글귀는
특정한 상품을 위한 광고문구가 아니었다.

기다리지 않아도 오고
기다림 마저 잃었을 때도 너는 온다
더디게 더디게 마침내 올것이다 봄

은, 이성부의 「봄」이었다. 내친김에 전문을 인용해
보자.

기다리지 않아도 오고
기다림마저 잃었을 때에도 너는 온다.
어디 뻘밭 구석이거나
썩은 물 웅덩이 같은 데를 기웃거리다가
한눈 좀 팔고, 싸움도 한판 하고, 지쳐 나자빠져 있다가
다급한 사연 들고 달려간 바람이
흔들어 깨우면
눈 비비며 너는 더디게 온다.
더디게 더디게 마침내 올 것이 온다.

너를 보면 눈부셔

일어나 맞이할 수가 없다.

입을 열어 외치지만 소리는 굳어

나는 아무것도 미리 알릴 수가 없다.

가까스로 두 팔을 벌려 껴안아보는

너 먼 데서 이기고 돌아온 사람아.

———

이성부, 「봄」, 『우리들의 양식』, 민음사, 1974. 중에서

　그런가 하면 불교 경전의 어느 한 구절도 걸리고, 외국 시인의 시구도 걸렸다. 그 구절이 걸리고 세종로를 지날 때마다 오늘은 교보문고에 누구의 시구가 걸려있는가를 항상 살펴본다.

　또 하나, 나는 일산에서 지하철을 타고 경복궁역에서 내리는데 외국에서는 어떤지 모르지만, 우리나라에서는 유일하게 궁으로 통하는 역사가 바로 경복궁역이다. 경복궁 역사에서 불로문을 거쳐 국립중앙박물관 쪽으로 나오는 길이 주로 이용하는 길이고 거기서 다시 경복궁 서쪽 문인 영추문을 나와 영추문 길을 지나 사무실에 이르게 된다. 비록 잠시지만 경복궁으로 '입궐'하는 것이다. 이 사실이 은근히 자랑스러워 여기저기 지인을 만날 때마다 자랑했더니 든

는 사람들은 뭐, 그런 대수롭지 않은 일을 흥분해서 떠벌리고 다니냐는 투다. 그러고 나면 사실 좀 머쓱하다. 딴은 내가 무슨 왕조 시대를 살아가는 사람도 아니고 그렇다고 대단한 복고 취미를 가진 사람도 아니니 그들의 그런 반응은 당연하다. 그러나 차량의 통행도 청와대가 개방되기 전보다는 훨씬 많지만, 어쨌든 다른 데 비해서는 한산한 편이고 경복궁 돌담과 돌담 안에서 길 위로 삐죽 고개를 내밀고 있는 울창한 나무도 고즈넉한 분위기를 이루고 있어서 좋다.

더군다나 영추문 길 끝에는 효자동 사랑방 뒤에 등나무 넝쿨이 우거진 파고라도 있어 자판기에서 커피 한 잔을 뽑아 신발을 벗고 평상에 걸터앉으면 마치 어느 대저택의 깊숙한 정원에 와 있다는 느낌이 든다. 한마디로 영추문 길은 경복궁역에서 시작해 은밀한 지하도를 거쳐 당대를 풍미한 뭇 선사의 부도와 탑이 진열돼 있는 정원을 나와 긴 돌담길을 하염없이 걸어도 끝나지 않는 뫼비우스의 길과 같다. 거기에는 통의동 적산 가옥이 있고, 옹색하지만 그래서 만만해 보이는 쌈지 공원도 있다. 아마 통의동 일대가 조선 시대에는, 그들의 직장과 가까운 곳에 거처를 마련한 관료의 집이 즐비했다면, 일제강점기에는 조선 총독부의 관료가 이곳에 또 같은 이유로 자리를 잡았을 것이다. 그런 연유로 지금의 통의동 일대를 가득 메우고 있는 일본식 2층 조적조 주택과 단층

의 한옥은 작은 골목을 요리조리 사이에 두고 얽히고설켜 있
다. 지금은 주인 없는 빈집도 상당히 있어 여기저기 보이는
폐가가 나 같이 돈 없고 욕심만 많은 헛된 이의 군침을 흘리
게 한다. 그래서 이 동네를 잘 아는 이들의 얘기를 들어보니
분명히 빈집인데도 팔 생각이 없는 임자들이 많다고 한다.
그래서 그것참 이상한 일이라고 생각했더니 당연히 그 놈의
명당 이야기가 끌려 나온다.

●   소나무는 떡갈나무에게, 바다는 모래 해변에게

세상에 명당은 없다는 게 내 지론인데, 나같이 기껏해야 전
세로 전전하는 치들로 보면 야박하기 그지없는 노릇이다.
저들은 저렇게 좋은 집을 갖고서도 비워두고 생활의 편리
를 좇아 또 다른 곳에 집을 갖고 있을 테니 말이다. 명당에
서 발복을 기원하는 심정이야 이해가 가지만 세상에는 명
당도 나쁜 땅도 있을 수 없다. 언뜻 자연을 생각하면 완전
한 것처럼 보이지만 사실은 수많은 결핍을 안고 있다. 완
전한 것은 신이지, 신이 만든 피조물이 아니다. 피조물들
은 그렇게 서로서로 결핍을 보완하며 존재한다. 그렇지 않
다면 나에게 너는 무슨 의미이겠는가? 소나무는 떡갈나무

에게, 바다는 모래 해변에게, 도대체 무슨 의미겠는가? 자연은 그렇게 서로의 결핍을 보듬는다. 그것은 인간도 마찬가지다. 사람과 나무는, 들판은 강은 서로의 결핍을 휘감는다. 그러니 명당이라는 것은 참 허망한 노릇이다. 세상에 완전한 땅이 어디 있겠는가. 좋은 땅이란 그 자체 의미보다 땅을 둘러싼 다른 땅과 바람과 빛의 관계일 뿐이다. 아무리 완벽한 땅이라도 잘 못 집을 지으면 못 한 땅에 좋은 집을 짓는 건만 못하다. 따뜻한 빛과 적당한 바람을 안고 있는 땅이라 하더라도 그 관계를 읽지 못한 집이 들어서면 그 땅은 곧 나쁜 땅으로 변질된다. 아무리 나쁜 땅이라도 벽을 열어 바람을 끌어들이고, 정확한 곳에 창을 내 빛을 얻게 되면 그 땅은 곧 좋은 땅으로 변한다. 그러니 명당이란 것은 허구에 불과할 뿐이다.

혹 이곳에 집을 비워둔 이들이, 살던 곳에 마저 정을 떼지 못해서가 아니라면 저들은 이 땅과 이 땅에 사는 다른 이에게 죄를 짓는 것이다. 인연이 다하면 다한 줄 알고 깨끗이 정리하고 떠나는 것도 그동안 살았던 곳에 대한 예의다. 오래된 집이 많아서 그런지 이 영추문 주민들도 여느 서울 시내에 사는 사람들과 사뭇 다른 분위기를 풍긴다. 대대로 이 곳에 정착해서 사는 이가 많고 그만큼 환경에 따른 변화도 겪지 않아서인지 동네 인심이 후덕하진 않지만 서울 사람 같지 않게 수더분하다. 한마디로 사람과 사람 사이의 거리를 알고 있는 것 같은 인상이다.

영추문 길은 모든 사물이 적당히 거리를 두고 있다. 경복궁 돌담길과 건너편 보도가, 거대하게 솟은 나무와 나무가, 다닥다닥 모인 기와의 지붕과 지붕이 그렇다. 어느 비 개인 날 오후, 겸재가 영감을 얻어서 그린 〈인왕제색도〉의 풍경이 그대로 실재하고 북악산의 용눈이 낙산 방향으로 향해 나 있는 풍수지리의 형국론이 거짓말처럼 완벽하게 보이는 것도 영추문 길을 걷는 큰 즐거움 중 하나다.

그런데 요즘 들어 이 일대가 술렁이고 있다. 행정 수도 이전 문제로 이 지역의 개발 가능성이 재고되면서 설왕설래 말이 많다. 잘못하면 이 조용한 동네에 한차례 투기붐과 개발붐이 일던지, 아니면 쓸모없는 동네로 치부되던지 둘 중 하나일 것이다. 나는 차라리 쓸모없는 동네가 되었으면 한다. 쓸모 있는 나무가 목수의 톱을 맞듯이 이 영추문 일대가 계속 아담하고 조용한 동네로 남길 바라는 마음이 간절하다. 개발 이익을 노리는 사람들에게는 대단히 죄송한 얘기지만 말이다. 그러다가 문득 내가 만일 이곳에 땅을 가지고 있었다면……, 하고 생각했다. 그래도 나는 조용한 동네를 선호할 것이다. 경제적으로도 집은 투기의 대상이 아니라 비용의 문제라고 믿기 때문이다.

그 집, 茶(다), 菓(과)

필동
筆洞

나는 지금 기억 속의 어떤 집을 찾아간다. 그리고 그 집에
사는 사람들과 음식에 관해서 이야기하려 한다. 그러나 나
는 그들에 대해 정확히 얘기할 수 있을지 자신할 수 없다.
왜냐하면 그건 너무 오래된 기억이고, 심지어 나는 그들이
실재했던 사람들인지에 대해서조차 확신할 수 없기 때문이
다. 그건 꼭 세월 탓만은 아닐 것이란 생각이, 내 기억 속
에 그들은 어쩐지 내가 만들어낸 사람들 같기도 하다.

　내가 그들을 만난 건……. 아니다. 그들이 아니라 그 집

이라고 해야 한다. 집은 거리에 있다. 그래서 집은 거리의 풍경 중 하나다. 그 집은 충무로 대한 극장에서 남산으로 올라가는, 지금은 복개되었지만, 그때는 개천이 있던 그 거리 중간에 있었다. 17년 전 나는 그 집을 찾아갔다. 사무실에 찾아온 초췌한 노인은 지금 사는 집을 허물고 새집을 짓고 싶다고 했다. 나는 날을 잡아 연락을 드리고 땅을 보러 가겠다고 약속했고, 노인은 내 책상에서 아무렇게나 굴러다니던 A4용지에 전화번호를 적어 주고 돌아갔다. 그 후로 노인에게 왜 안 오느냐는 전화 독촉을 두 번이나 받고서야 나는 직원 하나와 레벨을 체크하기 위한 물 호수와 줄자를 챙기고 그 집을 찾았다.

집은 노인의 행색으로 미루어 짐작한 내 상상을 훨씬 빗나가 있었다. 대문은 흔한 철 대문이었지만 담장 너머로 보이는 집안의 나무는 그 집의 오랜 내력을 말해주고 있었다. 은행나무가 족히 10m는 넘어 보였다. 그 은행나무 아래로 대지를 고즈넉이 감싼 지붕은 한눈에 봐도 이 집이 범상치 않음을 단박에 짐작하게 했다.

초인종을 누르자 노인보다 더 늙었지만 훨씬 가벼운 걸음걸이를 한 깨끗한 노파가 문을 열어주었다. 미리 연락을 받았는지 허리를 숙여 공손하게 인사를 하는데 저절로 같이 허리가 숙어졌다. 노파는 내 걸음에서 약간 앞으로 비

켜서 걸으며 나를 안내했다. 집은 분명 석조 건물이었다. 흔히 구조는 콘크리트로 만들고 거기다 돌을 붙인 석조 건물을 흉내 낸 집들과는 판이했다. 이상한 것이 그렇게 돌을 붙여서 만든 집은 아무리 흉내를 잘 내도 돌을 쌓아서 만든 집이 주는 분위기를 흉내 내지 못한다는 것이다. 가짜는 가짜다. 가짜가 진짜 행세를 할 수는 없다. 가짜가 진짜가 되는 방법은 나 가짜요 하고 배를 내밀고 있든지, 가짜로 진짜 구실 말고 다른 구실을 해야 한다. 이 집은 분명 돌을 쌓아서 만든 집이었다. 석조 건물은 서양에서도 흔하지 않지만 우리나라에서는 거의 없다고 봐도 틀린 말이 아니다. 일부 사람들이 그렇게 애석해하는, 지금은 없어진 구 국립박물관 건물도 가짜 석조 건물이다.

현관 앞에는 노인이 마중 나와 있었다. 마당이 그렇게 넓지는 않았지만 나는 왠지 아주 넓은 광장을 지나 현관에 이른 것 같은 느낌이었다. 이제 잎이 떨어지기 시작한 은행나무 탓이었을까? 마당에는 노란 은행잎이 노인이 서 있는 현관을 향해 가득 덮여있었다. 노인은 아직 내가 가까이에 이르지도 않았는데 문을 열어 내 걸음을 재촉하게 했다. 노인은 악수 같은 것은 청하지 않았다. 그래서 자연스럽게 내 걸음은 현관으로 미끄러지듯이 빨려들어 갔다.

현관玄關. 흔히 말하는 적산가옥이었다. 그렇지만 이

렇게 훌륭한 적산가옥을 나는 본 적이 없었다. 우리 전통적인 주거 양식에 현관이란 요소는 존재하지 않는다. 현관은 다분히 일본식 주거의 특징이다. 보통 집안으로 들어서는 입구를 현관이라고 하는데 현관의 본뜻은 "깊고 오묘한 이치에 통하는 문"이라는 의미이다. 선종에서 쓰이던 용어로, 불교를 일컬어 "현문玄門"이라고 부르는 것도 같은 의미이다. 불법 세계에 들어서는 문, 선의 세계에 들어서는 시작이란 의미의 불교 용어가 선종 사찰의 객전客殿에 들어가는 입구를 일컫게 되었고 그것이 일본 건축의 입구를 가리키는 일반적인 용어가 되면서, 일제강점기를 통해 우리에게까지 널리 쓰이게 되었다. 우리 전통 건축은 대문만 들어서면 입구가 따로 없이 모두 개방되어 있다. 일본식 주택이나 서양식 주택처럼 현관이 특별히 없다. 그냥 마루고, 건넌방이고 부엌이고 안방이다. 오죽했으면 툇마루를 놓아 그것들을 다시 쭉 연결해 마당과 실의 관계를 다시 정렬해 어디로든 출입이 자유롭게 해 놓았겠는가.

나는 응접실로 안내받았다. 바로크풍의 오래된 가구가 높이 4m가 넘는 층고를 타고 내려온 벽들에 단아하게 놓여있었다. 샹들리에는 값이 꽤 나가 보였지만 손질을 하지 않아 그 빛을 잃었고, 벽 속에 추가 달려서 들어 올려 열게 된 창은 처음 보는 높이였다. 어림잡아 3m 60센티가 넘어 보였다. 그런 창이 있는 것만으로도 이 집은 대단한 집이었다.

"우리 집은 대대로 친일파였습지요"

이 집도 국권침탈 때 작위를 받은 노인의 할아버지께서 지으신 거라고 했다. 노인도 일본에서 공부했고, 병색이 완연해 보이는 그의 나이 든 아들도 일본에서 공부를 마치고 미국에서 학위를 받았다고 했다. 노인은 그저 사실을 말하고 있었다. 자랑도 아니었고, 숨겨야 할 일도 아니라는 듯이 조곤조곤 그런 집안 내력을 들려주었다.

차가 나왔다. 노인은 먼저 잔을 입에 대며 눈짓으로 어서 들라고 권했다. 나는 천천히 찻잔을 보았다. 차는 잔의 색깔 때문인지 맑은 담녹 빛을 띠고 있었다. 그리고 천천히 입술에 가져가니 무언가 옅은 향기가 나는 걸 느꼈다. 그러거니 하는데 잔이 입술에 닿았을 때 향기가 조금 더 맡아졌고(진해진 게 아니다), 입안에 차를 머금었을 때 좀 더 맡아졌고, 삼키고 나서 싸하게 맡아지다 사라졌다. 입안이 말할 수 없이 상쾌해지면서 머릿속마저 깨끗해지는 느낌이었다. 나는 차의 이름을 알고 싶었다. 차와 함께 한과가 나왔지만 나는 이 맛을 과자로 더럽히기 싫었다. 그때 나는

우연히 노인의 어깨 너머로 시립해 있는, 처음 문을 열어
준 노파와 눈이 마주쳤다. 노파는 노인이 나에게 말없이 차
를 권했듯이 그렇게 먼 웃음으로 과자를 들기를 권하고 있
었다. 허리가 구부러진 작은 노파였지만 어쩐지 걸음은 경
쾌한 노파였다.

내가 자기의 어깨 너머로 노파를 보고 있음을 눈치챈
노인이 한마디 했다.

"할아버지 때 들어와서 아버지부터 나까지 2대째
집안일을 맡아보고 있습지요."

노인이 자기에 대해 말을 하자 노파는 어디론가 사라
져버렸다. 노인은 약간 내 쪽으로 몸을 숙여 작은 목소리로
아흔을 넘긴 지가 세 해째라고 한다. 내가 놀란 눈을 하자
그래도 자기보다 더 정정하다고 웃는다. 약과와 강정, 그
리고 과즐을 조금씩 먹다가 너무 맛있어서 다 먹이버렸지
만, 왠지 차 맛을 버린 것 같아 눈앞에 먹이는 남기지 못하
고 모조리 먹어 치우는 내 어두운 식탐을 탓했다.

그 후 나는 설계가 끝날 때까지 자주 그 집을 드나들
었고, 드나들면서 차와 과자를 같이 먹는 즐거움을 알게 되
었다. 처음에는 차 맛을 탐했는데 그 어두운 식탐 때문에

자꾸 과자를 같이 먹었고, 그러다 보니 그렇게 차와 과자를 같이 즐기는 게 맞다 싶었다. 특히 노파가 내오는 과자 맛은 천하일미였다. 처음에는 양과에 찌들은 입맛이라 몰랐었는데 자주 먹다 보니까 한과의 깨끗한 맛에 양과를 멀리하게 되었다. 이후 나이가 들어서도 계속 과자를 즐겼다. 버스를 기다릴 때도 과자를 먹었고 이제야 고백하지만, 조카들 과자도 내가 다 빼앗아 먹었다. 자기 전에 무슨 보약 먹듯이 꼭 과자 두 봉지쯤은 바닥을 봐야 잠을 잤고, 새로운 맛의 과자가 나오면 약 두 달 동안은 그 과자만 탐닉했다. 그렇다고 밥 먹기를 등한히 했던 것은 또 아니다. 밥은 밥대로 먹고 과자는 과자대로 먹었다. 어릴 때야 그렇다 쳐도 나이는 먹을 대로 먹은 성년이 술과 담배와 밥과 과자를 동시에 즐긴다는 것은 좀 문제가 있는 노릇이었다. 그러나 술은 취하는 게 독특함이고 밥은 허기를 달래는 데 독특하고, 과자는 바삭하고 달콤한 맛이 또 독특했으니 어쩌랴. 그러던 내가 과자를 끊게 된 것은 순전히 그 집 노파가 만드는 한과 때문이었다. 나는 '맛있다'라는 말 말고 '깨끗하다', '맑다'라는 맛을 그 집 노파가 내오는 차와 과자로 처음 경험한 것이었다.

"아주 어릴 때 궁궐로 들어갔다나 봐요."

노인의 말로는 그 노파야말로 정통 궁중 예법에 따라 음식을 만드는 몇 남지 않은 이 중에 한 명이라고 했다. 그럼, 도대체 몇 살에 궁궐로 들어간 건가, 계산이 되질 않았다. 나는 차와 과자가 특히 맛있다고 했더니 언제 한 번, 아침을 같이 먹기는 어려우니 저녁을 같이 먹자고 한다. 나는 점점 그 집이 좋아졌다. 그 집을 부수기 위한 인연으로 그 집과 만났지만, 그 집을 부수기 위해 그 집을 드나들면서 나는 그 집이 좋아져 버렸던 것이다. 그래서 마당의 은행나무도 살리고 싶었고, 그 큰 들창도 남겨두고 싶었다. 만약 새집이 들어서면 저런 고풍스러운 가구들은 어찌 될 것인가? 노인은 가끔 아들과 파로호로 견지낚시를 떠났다. 강물에 배를 띄우고 하는 견지낚시야말로 낚시 중의 최고라고 노인은 말했다.

　　나는 그 집을 드나들면서 한 번도 노파와 말을 나눈 적이 없었다. 노파는 나뿐만 아니라 식구 중 누구와도 얘기하지 않는 것처럼 보였다. 그 집에서의 그날 저녁, 비록 화려한 전골 요리는 아니었지만 몇 가지 나물과 생선 요리, 그리고 소량의 불고기가 나왔을 뿐인데도 그 식탁에는 '깨끗한 맛'이 있었다. 먹어보지 않고도 그 차림만으로도 맛이 나는 식탁을 나는 처음 경험했다. 혹시 그 집의 분위기가 일조했을 수도 있겠지만, 그리고 분명히 기억하지는 못

하겠지만 그 식탁에는 치밀한 배려가 있었던 거로 기억한
다. 내 기억이 편집되지 않았다면 숟가락이 무엇을 건너다
닐 필요가 없을 정도로 내 밥과 국은 반찬들과 관계지어져
있었다. 정갈한 식사. 다 먹고 난 다음에는 음식의 맛이 기
억나는 게 아니라 무언가 정갈한 행위를 했다는 의식이 강
하게 남아있었다. 편하게 음식을 가져다 먹고 국을 떠먹었
지만, 그 음식 맛보다는 행위의 정갈함이 더 많이 남는 식
사. 나는 진심으로 노파에게 고마움을 전했다. 노파는 예의
그 가벼운 몸짓으로 깊이 허리를 숙였다.

　나는 은행나무라도 살리기 위해 지하층 면적을 대폭
줄였지만, 노인은 지하층 면적을 더 요구했다. 기존의 건
물에 사용되었던 부재를 재활용하자는 안도 거절되었다.
노인도, 아들도 그런 내 노력에는 관심을 두지 않았다. 그
가 한 번도 나에게 그 집에 대해 자랑을 하지 않았던 것처
럼, 한 번도 그 집의 음식에 대해 어땠냐고 묻지 않았던 것
처럼, 그는 끝까지 그 집에 대해 무관심으로 일관했다. 꼭
그 일 때문은 아니었지만 나는 사표를 내고 회사를 그만두
었다. 설계안은 내가 그 집을 부수고자 했던 초기 안으로
확정되어 있었다.

　그들은 어떻게 되었을까? 얼마 전에 그 근처에 설계의
뢰가 들어와 땅을 살피러 갔다가 그 집을 보았다. 옛 모습

은 찾을 길 없이 내가 계획한 초기 스케치가 건물이 되어 있었다. 여기에 정말 그들이 살았었을까? 병색이 완연했던 아들은, 그 노파는 어찌 되었을까? 나는 커다란 은행나무가 심겨 있던 지금은 주차장이 된 마당을 가로질러 그 집 현관에 들어섰다.

"어떻게 오셨어요?"

일하는 아가씨가 사무실 출입문을 밀고 들어선 나에게 의아한 얼굴로 묻는다. 그때 필동의 거리 어디선가 은행 잎 하나가 툭 머리 위로 떨어졌다.

영추문 옆의 집

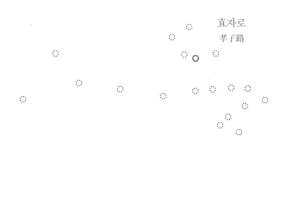

효자로
孝子路

궁궐宮闕과 궁宮은 다르다. '궁'이라고 독립적으로 쓰일 때
는 임금이 사는 곳을 말하기도 하고, 일반적인 집이라는 의
미도 있다. 그러니까 '궁'은 여러 전각을 서느린 엄청난 규
모의 조정朝廷도 의미하지만 단칸방도 임금이 머물면 '궁'
이 된다. 원래 안동김씨 김홍근의 별장이었던 석파정을 홍
선대원군이 가로챈 방법도 이것이다. 임금이 머문 곳은 다
'궁'이라서 그곳이 원래 특정한 개인의 소유라 하더라도 임
금이 머문 이후에는 더는 그 소유권을 주장할 수가 없다.

홍선은 평소 탐나던 석파정(그 당시에는 석파정이 아니었겠지만)에 고종을 모시고 갔고, 거기서 하룻밤을 잤다. 임금이 하룻밤을 지냈으니 그 별장은 김흥근의 소유일 수는 없었다. 그 빈틈을 만들고 홍선은 공적인 용도로 쓰는 척 자신의 별장으로 삼았다. 그러나 '궁궐'은 단순하게 임금이 사는 곳이나 조정을 의미하지만은 않는다. '궁'과 달리 '궁궐'에는 전쟁을 대비한 방어용이라는 의미가 더 있다. 그래서 반드시 적을 경계하기 위한 궐대를 갖는다. 그래서 '궁'과 '궐대'가 있는 집이라는 의미로 '궁궐'이라고 한다. 그러니까 서울의 많은 '궁' 중에서 '궁궐'은 오직 하나뿐이다. 경복궁이 그것이다.

도성에 사대문이 있듯이 경복궁에도 문이 있다. 남쪽의 광화문光化門, 동쪽의 건춘문建春門, 북쪽의 신무문神武門, 서쪽의 영추문迎秋門이 그것이다. 여기에서 '광화光化'는 천자나 군주에 의한 덕화德化를 의미한다. 광화문은 경복궁의 정문이다. 임진왜란 때 경복궁의 다른 전각들과 마찬가지로 불에 탔다가 1867(고종 4)년에 다시 지어졌다. 광화문의 석축에는 홍예문이 세 개 나 있어, 가운데의 홍예문으로는 왕이 출입하고 신하들은 좌우의 문으로 다니도록 했다. '건춘建春'은 오행에서 동쪽은 봄을 뜻하므로 봄을 세운다는 뜻이다. 주로 왕족, 척신, 상궁이 드나들었던 문이다. 건춘문의 앞에는 커다란 많은 인재를 바라는 의미로 은행나무 한 그루가 자리 잡고 있으며, 천장에는 동쪽 방위를 상징하는 청룡이 그려져 있다. 문 안에는 왕세자가 거처하던 춘궁春宮이 있었고, 문밖에는 왕실의 종친들을 교육하는 종학宗學이 있었다. '신무神武'란 오행에서 북쪽은 어둠, 죽음, 살상殺傷 등을 의미하며 이 방향을 상징하는 상상 속의 신수神獸가 현무다. 무력을 상징하지만, 함부로 죽이지 않는 덕을 말하면서 제왕의 다스림을 뜻한다. 이 절제된 무력으로 다스리면 신무문의 성벽에 새겨져 있는 글씨처럼 '천하태평춘天下太平春' 즉, '온 세상이 태평한 봄날과 같다'는 태평성대를 누릴 수 있는 것이다. '영추迎秋'란 '가을을 맞이한다'는 뜻이다. 후한 말기의 유학자인 정현鄭玄(127~200년)은 "영추라는 것은 백제白帝(서쪽 방위의 황제) 백초거白招拒(백제의 이름)를 서쪽 교외에 나가서 제사 지내는 것이다"고 했다. 문밖에는 명당수가 흐르는 개울이 있었다. 이 개울이 지금의 효자로다. 영추무의 천장에는 서쪽 방위를 상징하는 백호가 그려져 있고, 문 안에는 궐내 각사가, 문밖에는 궁궐에 물자를 조달하는 관청이 자리 잡고 있었다. 주로 일반 관료들이 드나들었다. 그런데 정철의 관동별곡에는 '영추문迎秋門'의 이름이 '연추문延秋門'으로 나온다.

연추문 드리다라

경회남문 바라보고

하직고 물러 나니

옥절이 앞에 섰다

여기서 옥절玉節이라는 것은 관원이 임금의 명을 받을
때 신표信標로 주던 것으로, 출발할 때에 기표旗標로 하여
행렬의 앞에 세웠다. 꼭 지켜진 것은 아니었겠지만 건춘문
은 종친이 드나들던 문이었고, 영추문은 대신들이 드나드
는 문이었다고 생각해도 틀린 것은 아니다. 나는 이 영추문
앞 통의동에서 건축가 임형남과 같이 작은 건축설계 사무
실을 열었던 적이 있다.

나는 태어난 집에서 20년을 살았다. 그래서 어렸을 때
는 이사 한 번 해보는 것이 소원이었다. 전학 간다고 교탁
에 서서 작별 인사를 하는 친구들이 그렇게 부러울 수가 없
었다. 대학에 입학하면서 드디어 그 꿈이 이루어졌다. 그러
나 그때부터 내 정주성은 나도 예상하지 못할 정도로 급격
하게 무너졌다. 대학 내내 12번이 넘는 이사를 했고, 그 후
직장생활도 12곳이 넘는 직장을 전전했다. 그래서 19살 이
후로 나는 언제나 두 손으로 들 수 있는 짐 이상의 것들을
경계하며 살아왔다. 마지막 직장을 떠나 독립하여 내 작업

실을 가질 때도 내 짐은 책가방 하나였다. 홍대 앞에 첫 작
업실을 가질 때도 거기 있던 양산박의 무리 같은 잡다한 건
축가들의 동의와 임형남 소장의 선의로 아무 살림도 없이
같이 일하기 시작했다.

그렇게 임형남 소장과 한 사무실을 같이 쓰면서 다
른 이름으로 일한 지 만 2년이 넘어가는 어느 날이었다. 불
쑥 그가 이사해야겠다고 말했다. 불쑥. 그랬다. 2년 전 어
느 날 내가 불쑥, 그의 사무실에 끼어들어 일하게 된 것도
불쑥이었고, 어, 그래요, 하며 그가 선뜻 그러자고 한 것도
불쑥이었고, 그렇게 서로 느슨한 관계를 이어오며 2년 남
짓을 한 사무실에서 따로따로 일해 온 것도 사실은 계속되
는 불쑥의 연장이었다. 그는 불쑥 나더러 지리산 청네골 현
장에 가자고 했고, 나는 어, 그래요 하며 따라나섰다. 그가
불쑥 진행 중인 상산리 김 선생댁에 가자고 하면 나는 불
쑥 따라나섰다. 그렇게 나도 불쑥 밤, 새벽할 것 없이 사무
실에 드나들었고, 어느새 우리는 서로 그 불쑥에 친해졌다.
그러나 사실 말이 불쑥이지 그나 나나 불쑥 말하고 불쑥 나
타나기까지에는 임형남 소장으로서는 오랜 생각 끝에, 그
리고 나는 말도 안 되는 쑥스러움이 있었음은 두말할 것도
없었다. 천성이 게을러 지금까지 살아오면서 오전 시간을
제대로 활용해 본 적이 없는 나로서는 일찍 일어나는 새들

이 둥지로 돌아가는 시간에 거꾸로 일하러 나온다는 게 아무래도 영 익숙하지 않게 쑥스러웠다. 그런데도 고치지 못하는 것은 그걸 묵인해 주는 이제까지의 좋은 사람들 덕분임은 말해서 무엇하랴.

이사를 해야겠다는 임형남 소장의 말은 그렇게 불쑥 나왔고, 이번엔 정말 불쑥 그렇게 이사를 했다. 그것도 집을 아예 샀다는 것이다. 그리고 그가 이어서 불쑥 아예 사무실을 같이 하자고 했고, 나는 어, 그래요 했다. 이렇게 불쑥 사무실 하나가 만들어졌다. 이름도 그냥 '영추문 옆에 있는 사무실 Side of Youngchoo Architects'이 되었다. 복잡할 게 뭐가 있는가? 이 이름은 내가 제안한 것이지만 사실 거기에는 건축가 임형남에 대한 내 비평이 숨어있었다. 말하자면 건축가 임형남의 건축에 대한 비평을 사무실의 현판으로 내건 것이다.

건축가 임형남의 땅을 보는 관점은 지극히 전통적이다. 아마도 내가 만나 본 숱한 건축가 중에서 땅을 살아 있는 유기체로 파악하는 데 있어 그만큼 철두철미한 사람은 만나 본 적이 없다. "땅은 유기체다"라고 알고 있는 사람은 많지만 정말 그렇게 對하는 사람은 드물다. 더군다나 그렇게 對하는 임 소장의 태도는 마치 하나의 신앙과 같이 느껴질 정도다. 좀 과장되었는지 모르겠지만 그가 S.Y.A 오피스를 리노베이션하는 과정에서 나는 그걸 좀 더 확실하게 느꼈다. 지금 임 소장은 압구정에 사무실을 가지고 있지만, 그가 이 집을 리노베이션 할 때는 모든 과정이 전적으로 임 소장의 계획하에 이루어졌다. 철거에 들어간 그다음 날 그는 사람들에게 이렇게 말하고 다녔다. "집이 정말 시원해하는 것 같아요." 40년도 더 된 집은 40년의 세월 동안 문명의 이기에 게을러질 대로 게을러진 사람들의 편리를 위해 대신 그 더께를 고스란히 덮어쓰고 있었다. 그걸 다 걷어냈으니 집이 얼마나 시원해하겠냐는 말이었다. 그런데 그 말을 진정으로 하는 것이어서 나는 오히려 놀랬다. 그의 뉘앙스는 비유나 은유가 아니라, 말 그대로 그렇게 생각하고 있는 것이 역력하게 전달되어왔다. 적어도 신축할 때의 땅을 읽던 그의 태도와는 현격한 차이가 있는 것이었다. 하기는 누군들 땅을 살아 있는 것으로 對하고 있다 한들, 깡패같은 얘기지만 어쩔 것인가? 우리가 도대체 그 살아 있는 짐승, 식물, 사람, 신령에 대해 뭘 알고 따라야 한다는 말인가? 아마 임 소장도 그렇듯이 태도는 정해졌지만, 태도를 표현하는 예의 방식에까지는 이르지 못했을 것이다. 풍수가 그 예의 표현방식이라고 할 때 그것을 어떻게 건축적으로 이끌 것인가는 또 다른 얘기이지 않은가? 산 넘어 산이다. 아직도 우리는 전통의 그림자에도 다가가지 못하고 있다. 김수영의 말대로 하, 그림자가 없다. 따라서 자취를 쫓을 방법도 없다. 그러나 리노베이션으로 장면이 바뀌자 임 소장의 땅을 대하는 태도는 그대로 집을 대하는 태도로 연결되었다. 그리고 40년도 더 된 지독한 더께를 덮고 있는 집을 살아 있는 것으로 對하기 시작했다. 집에 덮인 인간의 이기심을 그는 속죄라도 하듯 털어내고 거둬냈고, 어깨가 축 처진 두께 100미리의 슬라브를 받쳐주고, 갈아입혔다.

그래서 영추문 옆 사무실이 탄생했다. 그 사무실 마당에는 커다란 사철나무가 있었다. 나는 그 사철나무를 보며 장정일의 시를 떠올리곤 했다.

사철나무 그늘 아래 쉴 때는

–

그랬으면 좋겠다 살다가 지친 사람들

가끔씩 사철나무 그늘 아래 쉴 때는

계절이 달아나지 않고 시간이 흐르지 않아

오랫동안 늙지 않고 배고픔과 실직

잠시라도 잊거나

그늘 아래 휴식한 만큼 아픈 일생이

아물어진다면

좋겠다 정말 그랬으면 좋겠다

굵직굵직한 나무등걸 아래 앉아

억만 시름 접어 날리고

결국 끊지 못했던 흡연의 사슬

끝내 떨칠 수 있을 때

그늘 아래 앉은 그것이 그대로

하나의 뿌리가 되어

나는 지층 가장 깊은 곳에 내려앉은

물맛을 보고

수액이 체관 타고 흐르는 그대로

한됫박 녹말이 되어

나뭇가지 흔드는 어깨짓으로 지친

새들의 날개와

부르튼 구름의 발바닥 쉬게 할 수 있다면

좋겠다 사철나무 그늘 아래 또 내가 앉아

아무것도 되지 못하고

내가 나밖에 될 수 없을 때

이제는 홀로 있음이 만물 자유케 하며

스물 두 살 앞에 쌓인 술병

먼 길 돌아서 가고

공장들과 공장들 숱한 대장간과

국경의 거미줄로부터

그대 걸어나와 서로의 팔목 야윈

슬픔 잡아 준다면

좋을 것이다 그제서야 조금씩

시간의 얼레도 풀어져

초록의 대지는 저녁 타는 그림으로

어둑하고

형제들은 출근에 가위 눌리지 않는

단잠의 베개 벨 것인데

한 켠에선 되게 낮잠을 자 버린 사람들이 나즈막히 노래불러

유행 지난 시편의 몇 구절을 기억하겠지

바빌론 강가에 앉아

사철나무 그늘을 생각하며 우리는

눈물 흘렸지요

———

장정일, 「사철나무 그늘 아래 쉴 때는」,
『햄버거에 대한 명상』, 민음사, 2002. 중에서

지금은 그 큰 나무처럼 다 커서 뭔가 생각이 있는 것
처럼 굴지만 당시 영추문 옆 사무실 2층에는 아무 생각 없

었던 임 소장의 귀여운 두 딸이 살았다. 그가 두 딸에게 쏟는 자상함은 나로 하여금 자식 안 낳기 정말 잘했다는 안심을 불러일으킨다. 나는 도저히 그렇게 못 할 것 같아서, 그에 비하면, 암만 잘해야 나쁜 아버지로 평가절하될 게 틀림없기 때문이다. 그가 이 집을 대하는 태도가 꼭 딸들을 보듯 했다면 모르는 사람들은 아무리–, 할 것이다. 그런데 정말 그랬다. 이 집을 대하는 그의 겸손함은 나로 하여금 그가 건축가라는 사실을 잊게 만들 정도였다. 뭐, 디자인이 없었다. 건축가 없는 건축이란 말은 흔하지만, 그는 계획하지 않는 건축가가 되어 있었다. 그냥 집이 무거워하면 덜어주고, 괜찮은 것 같으면 그냥 두고, 즐거워했다. 그렇게 이 집은, 변한 게 아니라 제 모습으로 돌아갔다. 질적인 변환을 거쳐서 말이다. S.Y.A가 그냥 영추문 옆 사무실이듯이 그냥 이 집은 제대로 간 것이다. 물론 그렇게 제대로 가기까지에는 불쑥 사연들이 복잡하듯 스텝들의 수고 또한 만만치 않은 것이었음은 물론이었다. 직접 시공을 감리했던 한성덕 실장은 살이 5kg이나 빠졌다. 그 와중에 아버지가 된 윤하영 차장은 군대에서 칠쟁이 경험이 있다는 죄로 새로 짠 가구들의 칠을 도맡았는데, 퇴근하고 아내에게 뽀뽀하다가 래커 냄새가 난다고 면박당하고, 막 새댁이 된 이강은 씨는 시다 아줌마가 되는 수모도 당했다. 아마도 건축의 부푼 꿈에 젖어있어 마땅한 김희영 씨도 사정은 마찬가지였을 것이다. 칠이면 칠, 잡부면 잡부, 안 한 게 없었으니 말이다. 그리고 나. 나는 물론 그때나 이제나 놀았다. 억울하면 소장해야지 뭐, 별수 있겠는가? 그래서 영추문 옆에 있던 그 집은 필요 없는 모든 것들을 다 벗어 던지게 되었다. 그때 나는 이 집의 꿈은 이제 시작이라고 말했다. 임형남 소장의 어투를 빌면, 이 집이 하고 싶은 대로 이 집은 계획 될 것이었기 때문이다. 그리고, 나도, 우리도 모두 이 집이 꾸는 꿈속의 등장인물이면 좋겠다고 생각했다. 그러나 우리는 모두 그 꿈 밖으로 나와야 했다. 사무실 형편이 어려워지고, 더는 그 집에서 살 형편이 안 되었기 때문이었다. 그러나 항상 자하문로에 일이 있을 때마다 나는 생각한다. 그래, 여기서 살았던 적이 있었지. 사철나무는 잘 있을까? 그러고 보니 서촌도 많이 변했다.

삽화 뒤에 적힌 단상들

사라진
서울을
걷다

초판 1쇄 발행   2021년 5월 7일

지은이   함성호
펴낸이   최용범

편집   윤소진, 박호진
디자인   김태호
마케팅   김학래
관리   강은선
인쇄   (주)다온피앤피

펴낸곳   **페이퍼로드**
       paperroad
출판등록   제10-2427호(2002년 8월 7일)
주소   서울시 동작구 보라매로5가길 7 1322호
이메일   book@paperroad.net
페이스북   www.facebook.com/paperroadbook
전화   (02)326-0328
팩스   (02)335-0334
ISBN   979-11-90475-49-5 (03900)